L'ABBÉ

Paul HAREUX

Autographe de M. l'Abbé HAREUX

L'ABBÉ

Paul HAREUX

Premier Vicaire de Saint-Jacques d'Amiens

SYNDIC DES RR. PP. FRANCISCAINS, TRÉSORIER DE LA SAINTE-ENFANCE
MEMBRE DE LA SOCIÉTÉ DES ANTIQUAIRES DE PICARDIE

1843 - 1892

Par l'Abbé A. ODON

Curé de Tilloloy

Je me susciterai un prêtre fidèle, qui
agira selon mon Cœur et qui marchera
toujours devant mon Christ.

(1er Liv. *des Rois*, II. 35.)

ABBEVILLE

C. PAILLART, IMPRIMEUR-ÉDITEUR

1896

DÉCLARATION DE L'AUTEUR

Je déclare que si, dans le présent opuscule, j'ai rapporté certains faits extraordinaires et qui paraissent miraculeux, ou bien si j'ai donné les qualifications de *Saint* ou de *Bienheureux*, soit à celui qui est l'objet de cette notice, soit à d'autres personnes qui n'ont point été élevées sur les autels, je n'entends le faire que dans le sens et la mesure autorisés par les décrets du Pape Urbain VIII et de la sainte Inquisition romaine.

Je déclare, en outre, que je soumets cet humble écrit au jugement de l'autorité ecclésiastique, désavouant à l'avance, de bouche et de cœur, tout ce qui, contre ma volonté, ne serait pas conforme à l'enseignement de la sainte Eglise, ma mère, dans l'obéissance de laquelle je veux vivre et mourir.

APPROBATION

DE

Sa Grandeur Monseigneur RENOU

Evêque d'Amiens

Amiens, le 2 Octobre 1895.

CHER MONSIEUR LE CURÉ,

Vous avez été bien inspiré, ce me semble, en retraçant la vie et les exemples du prêtre si pieux et si bon que l'on se plaisait à nommer le saint Monsieur Hareux.

La lecture des belles pages que vous avez consacrées à sa mémoire, en nous rappelant les vertus de ce prêtre aussi distingué par son savoir que par sa piété, fera naître en nous le noble dessein de marcher sur ses traces.

Je vous félicite, mon cher Curé. Votre œuvre est toute pénétrée des plus délicats sentiments ; non seulement elle contribuera puissamment à conserver parmi nous le souvenir du saint prêtre qui fut votre ami, mais encore elle nous portera à travailler généreusement comme lui à la gloire de Dieu et au salut des âmes.

Avec mes meilleurs souhaits pour la divulgation de cette intéressante et édifiante biographie, recevez, cher Monsieur le Curé, mes paternelles et affectueuses bénédictions.

† RENÉ-FRANÇOIS, év. d'Amiens.

LETTRE

DE

SON EMINENCE LE CARDINAL PERRAUD

Evêque d'Autun, de l'Académie française

Paris, 6, quai d'Orléans, 14 janvier 1896.

MONSIEUR LE CURÉ,

Je suis bien en retard pour vous remercier de votre lettre et de l'envoi de votre pieuse biographie. Depuis six semaines je ne m'appartiens plus, et tandis que les réceptions, les fêtes, les cérémonies se succèdent sans relâche, je vois s'accumuler autour de moi des montagnes de lettres, de télégrammes, de cartes, auxquels je commence à peine de pouvoir répondre.

Je suis heureux de voir que vous gardez un profond souvenir de votre pèlerinage à Paray. Ce cher Paray est la perle de mon diocèse et j'y ai été, le 31 décembre et le 1ᵉʳ janvier, l'objet des manifestations les plus pieuses et les plus touchantes.

Je vous prie, Monsieur le Curé, de vouloir bien agréer l'expression de mes sentiments très dévoués en Notre-Seigneur.

† ADOLPHE-LOUIS-ALBERT, Card. PERRAUD,
Evêque d'Autun.

LETTRE

DE

Sa Grandeur Monseigneur RENOUARD

Evêque de Limoges

Limoges, le 16 décembre 1895.

CHER MONSIEUR LE CURÉ,

Je ne veux point tarder à vous remercier du gracieux envoi que vous avez bien voulu me faire. Rien ne me sera plus doux et plus utile que de lire la vie du pieux et saint abbé Hareux, écrite par vous. Je ne reste étranger à aucune de vos œuvres, et c'est avec un vif plaisir que je suis, dans le Dimanche, vos intéressantes études sur le Carmel.

Je suis heureux d'apprendre que vous êtes en relation avec mes deux chers couvents de Carmélites de Limoges et du Dorat. Ce sont deux ferventes communautés où vit l'esprit de sainte Thérèse et où Mgr Gay a fait le plus grand bien (1)...

M. Lartisien (2) a été très sensible à votre fidèle souvenir : il me prie de vous en remercier et de vous offrir ses meilleures amitiés.

Veuillez à votre tour, cher Monsieur le Curé, présenter mes religieux hommages à Mesdemoiselles Hareux et leur dire que je les bénis de tout cœur.

Je vous bénis vous-même, cher Monsieur le Curé, et je vous prie d'agréer l'assurance de mon affectueux dévouement.

† FIRMIN, Evêque de Limoges.

---

(1) Allusion à un passage de la lettre d'envoi rappelant que l'auteur, qui eut l'honneur d'être en rapport avec Mgr Gay, évêque d'Anthédon, a été encouragé dans ses travaux par cet éminent prélat, de si docte et si sainte mémoire, fondateur du Carmel du Dorat.

(2) Vicaire général de Sa Grandeur Mgr Renouard et originaire, lui aussi, du diocèse d'Amiens.

LETTRE

DE

SA GRANDEUR MONSEIGNEUR FALLIÈRES

Évêque de Saint-Brieuc et Tréguier

Saint-Brieuc, le 17 décembre 1895.

SA GRANDEUR MONSEIGNEUR FALLIÈRES,

J'ai lu avec autant d'édification que d'intérêt les pages que vous avez consacrées à la mémoire du bon et saint abbé Paul Hareux. J'ai revécu, en les lisant, avec les personnes et les choses qui ont été pendant de longues années l'objet de ma sollicitude et de mon affection. C'était un rajeunissement. Tout cela me manquerait beaucoup si je n'avais l'espoir de le retrouver au ciel, dans l'éternelle vie. Puissé-je dire comme saint Paul : Bonum certamen certavi. La Bretagne est devenue pour moi un nouveau champ de bataille. Priez un peu pour moi et croyez à ma fidèle et reconnaissante affection en Notre-Seigneur.

✝ PIERRE-MARIE,
Évêque de Saint-Brieuc et Tréguier.

LETTRE

DE

Sa Grandeur Monseigneur POTRON

Evêque de Jéricho, Commissaire Général de la Terre Sainte et
Procureur des Missions Franciscaines

Paris, 15 décembre 1895.

Monsieur le Curé,

*Non seulement j'approuve votre notice sur le tant
regretté M. l'abbé Hareux, mais encore je fais des
vœux pour qu'elle se répande et ravive l'esprit de foi qui
animait ce saint prêtre, cet ami si cher et si dévoué
à l'ordre de Saint-François.*

*Bénédiction toute particulière à l'auteur et à Mesde-
moiselles Hareux.*

✝ Fr. ÉTIENNE-MARIE, M. O.,
Evêque de Jéricho.

LETTRE

DE

SA GRANDEUR MONSEIGNEUR VIRILI

Rome, ce 13 janvier 1896.

MONSIEUR L'ABBÉ,

Veuillez m'excuser du retard que j'ai apporté à répondre à votre lettre, ayant été fort surchargé d'occupations tous ces temps-ci, soit pour la fin, soit pour le commencement de l'année.

Je vous remercie d'avoir bien voulu m'envoyer votre Vie du vénéré prêtre qui fut votre ami. Je suis touché de votre amabilité et toujours heureux de m'édifier au contact de ces grandes âmes qui ont tant fait pour la gloire de Dieu !

Merci en particulier de ce qui concerne mon cher saint Benoît Labre ; vous ne doutez pas que trouver quelque part son nom me fait toujours battre le cœur (1). Je vous envoie une relique de ce cher Saint et vous offre mes bons vœux, vous souhaitant tout ce que votre cœur de prêtre peut désirer et une longue vie pour faire du bien autour de vous.

Agréez, Monsieur l'Abbé, l'expression de mon bien religieux dévouement en Notre-Seigneur.

† RAPHAEL VIRILI.

---

(1) On sait que Mgr Virili (dont les armoiries portent pour devise : *Viriliter agite*) a été postulateur de la cause de canonisation de saint Benoît-Joseph Labre. Il remplit aujourd'hui les mêmes fonctions dans la cause de la Vénérable Mère Julie Billiart, fondatrice de l'Institut des Sœurs de Notre-Dame de Namur, et dans celle de la Vénérable Louise de Marillac, qui institua, de concert avec saint Vincent de Paul, les Filles de la Charité.

LETTRE

DE

Sa Grandeur Monseigneur POTRON

Evêque de Jéricho, Commissaire Général de la Terre Sainte et
Procureur des Missions Franciscaines

Paris, 15 décembre 1895.

Monsieur le Curé,

Non seulement j'approuve votre notice sur le tant regretté M. l'abbé Hareux, mais encore je fais des vœux pour qu'elle se répande et ravive l'esprit de foi qui animait ce saint prêtre, cet ami si cher et si dévoué à l'ordre de Saint-François.

Bénédiction toute particulière à l'auteur et à Mesdemoiselles Hareux.

✝ Fr. ÉTIENNE-MARIE, M. O.,
Evêque de Jéricho.

LETTRE

DE

Sa Grandeur Monseigneur VIRILI

Rome, ce 13 janvier 1896.

Monsieur l'Abbé,

Veuillez m'excuser du retard que j'ai apporté à répondre à votre lettre, ayant été fort surchargé d'occupations tous ces temps-ci, soit pour la fin, soit pour le commencement de l'année.

Je vous remercie d'avoir bien voulu m'envoyer votre Vie du vénéré prêtre qui fut votre ami. Je suis touché de votre amabilité et toujours heureux de m'édifier au contact de ces grandes âmes qui ont tant fait pour la gloire de Dieu !

Merci en particulier de ce qui concerne mon cher saint Benoît Labre : vous ne doutez pas que trouver quelque part son nom me fait toujours battre le cœur (1). Je vous envoie une relique de ce cher Saint et vous offre mes bons vœux, vous souhaitant tout ce que votre cœur de prêtre peut désirer et une longue vie pour faire du bien autour de vous.

Agréez, Monsieur l'Abbé, l'expression de mon bien religieux dévouement en Notre-Seigneur.

† Raphael VIRILI.

(1) On sait que Mgr Virili (dont les armoiries portent pour devise : *Viriliter agite*) a été postulateur de la cause de canonisation de saint Benoît-Joseph Labre. Il remplit aujourd'hui les mêmes fonctions dans la cause de la Vénérable Mère Julie Billiart, fondatrice de l'Institut des Sœurs de Notre-Dame de Namur, et dans celle de la Vénérable Louise de Marillac, qui institua, de concert avec saint Vincent de Paul, les Filles de la Charité.

LETTRE

DU

R. P. Dom CHAMARD [1]

Bénédictin de la Congrégation de France

Pax

Ligugé, ce 16 décembre 1895.

Bien cher Ami,

Votre lettre m'a rappelé de bien doux souvenirs. Je vous en remercie. J'ai déjà parcouru la notice sur votre saint condisciple, l'abbé Paul Hareux. Vous l'avez écrite avec toute la délicatesse de votre cœur, en termes émus qui ont dû faire tressaillir de consolation les parents et les amis du cher défunt. J'y ai vu le passage où votre amitié a tenu à dire de moi un mot trop aimable...

Vous m'invitez à revoir la Picardie ; les voyages sont désormais finis pour moi. Pendant cinq ans, j'ai usé mes forces dans la fondation de deux monastères. Je suis revenu ici épuisé de fatigue, et je continue tout doucement ma vie de labeur à l'ombre de saint Martin, heureux de consacrer sur mes vieux jours quelques pages à la louange de notre admirable fondateur.

A Dieu, bien cher ami. En attendant que je vous revoie sur les bords du Clain, je vous envoie de loin les meilleures assurances de ma vieille amitié.

Fr. Fr. CHAMARD, O. S. B.

---

(1) Le R. P. Dom Chamard est très connu, dans le monde religieux et savant, par ses remarquables ouvrages et ses importants travaux d'érudition ecclésiastique. Après avoir fondé, au prix de grandes fatigues, deux monastères de son ordre, le savant bénédictin est retourné à sa chère abbaye de Ligugé, près de Poitiers. C'est là qu'il dirige l'*Œuvre de Saint-Martin*, consistant en une double association pour les vivants et pour les morts. Moyennant 1 fr. 50 par an, on peut s'abonner au Bulletin mensuel de Saint-Martin et jouir des précieux privilèges attachés à cette excellente Œuvre, placée sous le puissant patronage de l'illustre thaumaturge des Gaules et ayant pour but : l'extension de son culte, sa protection spéciale en faveur des associés, la délivrance des âmes du Purgatoire et la conversion de la France.

LETTRE

DU

R. P. Dom CHAMARD [1]

Bénédictin de la Congrégation de France

PAX

Ligugé, ce 16 décembre 1895.

BIEN CHER AMI,

Votre lettre m'a rappelé de bien doux souvenirs. Je vous en remercie. J'ai déjà parcouru la notice sur votre saint condisciple, l'abbé Paul Hareux. Vous l'avez écrite avec toute la délicatesse de votre cœur, en termes émus qui ont dû faire tressaillir de consolation les parents et les amis du cher défunt. J'y ai vu le passage où votre amitié a tenu à dire de moi un mot trop aimable...

Vous m'invitez à revoir la Picardie; les voyages sont désormais finis pour moi. Pendant cinq ans, j'ai usé mes forces dans la fondation de deux monastères. Je suis revenu ici épuisé de fatigue, et je continue tout doucement ma vie de labeur à l'ombre de saint Martin, heureux de consacrer sur mes vieux jours quelques pages à la louange de notre admirable fondateur.

A Dieu, bien cher ami. En attendant que je vous revoie sur les bords du Clain, je vous envoie de loin les meilleures assurances de ma vieille amitié.

Fr. Fr. CHAMARD, O. S. B.

(1) Le R. P. Dom Chamard est très connu, dans le monde religieux et savant, par ses remarquables ouvrages et ses importants travaux d'érudition ecclésiastique. Après avoir fondé, au prix de grandes fatigues, deux monastères de son ordre, le savant bénédictin est retourné à sa chère abbaye de Ligugé, près de Poitiers. C'est là qu'il dirige l'*Œuvre de Saint-Martin*, consistant en une double association pour les vivants et pour les morts. Moyennant 1 fr. 50 par an, on peut s'abonner au Bulletin mensuel de Saint-Martin et jouir des précieux privilèges attachés à cette excellente Œuvre, placée sous le puissant patronage de l'illustre thaumaturge des Gaules et ayant pour but : l'extension de son culte, sa protection spéciale en faveur des associés, la délivrance des âmes du Purgatoire et la conversion de la France.

PRÉFACE

Dans la soirée du mercredi 29 juin 1892, une triste nouvelle se répandit rapidement dans la paroisse Saint-Jacques d'Amiens et dans toute la ville, produisant partout une vive émotion. L'abbé Paul Hareux, premier vicaire de Saint-Jacques, venait d'être ravi presque subitement à l'affection de ses pieuses sœurs et de ses nombreux amis. Au bruit de cette mort, à laquelle on était si loin de s'attendre, peu s'en fallut qu'on entendît retentir à travers les rues d'Amiens le cri par lequel l'enthousiasme populaire a parfois salué le trépas d'illustres serviteurs de Dieu : « Le saint est mort ! le saint est mort ! »

Telle fut du moins la pensée que les paroissiens de Saint-Jacques exprimèrent le jour des funérailles de ce prêtre exemplaire qui était l'objet, de la part de tous, d'une affection si respectueuse et d'une si profonde vénération. On disait tout haut : « Oh ! l'excellent vicaire ! Quel bien il a fait ! C'était vraiment le père des pauvres et l'ami de tous. Heureuses les paroisses qui ont des prêtres comme celui-là. Il est certainement déjà au paradis. » Et par toutes les bouches on entendait répéter ce mot, comme le refrain d'un cantique de louanges : « C'était un saint ! » Plusieurs, dans leur foi confiante, affirmaient l'avoir invoqué et avoir obtenu des grâces par son intercession.

M. le Curé de Saint-Jacques confirma du haut de la chaire, par l'autorité de sa parole, les éloges décernés par la voix publique à son regretté vicaire. « Jamais, dit-il, depuis dix ans, je ne l'ai entendu parler contre la charité ni surpris en défaut. » Ce témoignage du vénérable pasteur, a été ratifié par les collègues du défunt et par tous ceux qui l'ont connu.

Or l'apôtre saint Jacques déclare que *celui qui ne pèche point par la langue est un homme parfait;* et le Sage, parlant du serviteur dont la fidélité ne s'est jamais démentie, s'écrie : *Quel est-il? nous publierons ses louanges, car il a fait dans sa vie des choses admirables.*

Aussi, à peine l'abbé Hareux avait quitté la terre, que déjà non seulement sa famille et ses amis, mais encore beaucoup d'âmes formées et soutenues par sa direction, réclamaient, comme un précieux héritage, que le souvenir d'une vie si parfaite, si constamment fidèle à Dieu et au devoir, fût conservé et fixé par écrit. Tous ceux qui l'avaient approché avaient senti la vertu, avaient respiré le parfum de sainteté qui s'exhalait de sa personne; tous avaient quelque chose à dire à sa louange et exprimaient le désir de connaître plus à fond l'âme si humble et si intérieure qui avait gardé son secret avec un soin jaloux.

Pour retracer la vie de ce prêtre « docte et parfait, qui agit toujours selon le cœur de Dieu (1) », il eût fallu un talent d'écrivain qui nous manque. Mais nous ne pouvions récuser ce doux travail qui nous a été demandé au nom de l'étroite amitié qui nous unissait au cher défunt.

Ancien condisciple de l'abbé Hareux au

(1) *Sacerdos doctus atque perfectus,* etc. I Esdr. ii, 63. — I Reg. ii, 35.

Grand Séminaire d'Amiens et son frère dans le sacerdoce, nous avons franchi avec lui les divers degrés de la cléricature. Pendant plus de vingt-cinq ans nous avons eu le bonheur de le connaître d'une manière toute particulière, de nous édifier de ses exemples, d'être en maintes occasions le confident de ses pensées intimes et de suivre en lui le travail de la grâce.

Sa mort a achevé de nous le faire connaître. Bossuet n'a-t-il pas dit que « la mort révèle le secret des cœurs ? » En entourant d'un linceul le corps de ce prêtre qui n'ambitionna jamais que le regard de Dieu, elle a déchiré du même coup le voile sous lequel il essayait de cacher ses éminentes vertus. Son journal spirituel nous a permis de pénétrer plus avant dans son âme. Des lettres qu'il n'a pas eu le temps de détruire et de bienveillantes communications venues de divers côtés, nous ont appris beaucoup de bonnes œuvres que sa main droite laissait ignorer à sa main gauche.

Ce n'est pas qu'on doive s'attendre à rencontrer dans cette notice des choses surprenantes et des événements extraordinaires.

Non, encore que ce ne soit pas une chose ordinaire de parcourir les diverses étapes d'une vie humaine d'une manière irréprochable, dans l'observation constamment régulière, dans l'accomplissement toujours exemplaire des obligations les plus nombreuses et des devoirs les plus saints. Un illustre docteur de l'Eglise l'a dit : « Ce n'est pas une petite chose que de demeurer toujours fidèle, même dans les petites choses. »

Dans tout le cours de sa vie abritée derrière le rempart d'une humilité qu'on rencontre rarement au même degré, et faite tout entière d'esprit de foi, de régularité, de piété douce et solide, d'abnégation, de charité et de zèle, l'abbé Hareux a pleinement réalisé la parole des Livres Saints inscrite comme épigraphe en tête de cet opuscule : *Je me susciterai un prêtre fidèle qui agira selon mon cœur et qui marchera toujours devant mon Christ.* Voilà ce qui explique la fécondité de son ministère, l'affectueuse vénération dont il fut l'objet de son vivant, les louanges qui éclatèrent autour de son cercueil et de sa tombe. Voilà ce qui fait surtout l'intérêt de sa vie, dans laquelle se trouvent réunies « la

piété éclairée par la science et la science
animée par la piété », pour employer ici une
belle parole de saint Augustin : *scienter pius
et pie sciens* (1).

L'existence de ce saint prêtre fut simple,
unie, sans éclat extérieur. Elle se partage en
trois phases principales. La première comprend l'enfance, le séminaire et la prêtrise ;
la deuxième phase, qui correspond à la première moitié de sa vie sacerdotale, nous
montre en lui l'aumônier de l'orphelinat de
Saint-Acheul, méritant par son angélique
piété d'être surnommé « Saint Louis de Gonzague ; » la troisième s'étend depuis sa nomi-
nation au vicariat de Saint-Jacques jusqu'à
sa mort. C'est le plein épanouissement des
plus belles vertus sacerdotales que l'on puisse
proposer à l'imitation du clergé et à l'admiration des fidèles.

Cet opuscule est à la fois l'histoire, ou
plutôt l'image directe d'une âme qui se révèle
par elle-même, qui se reflète dans ses écrits
intimes ; et le récit d'un ministère humble
mais fécond, obscur mais visiblement béni

(1) *Epist.* 105, *ad Sixt.*

du Ciel, qui est raconté par les œuvres. C'est aussi l'histoire d'un pèlerin.

Des personnes parentes ou amies du défunt ont exprimé le désir de trouver dans ce livre le récit aussi détaillé que possible des nombreux pèlerinages accomplis par l'abbé Hareux en France et en Italie. Nous nous sommes efforcé de les satisfaire, et cette partie de notre tâche nous a été d'autant plus douce au cœur qu'elle nous a procuré l'occasion, en rédigeant les notes laissées par notre ami, de raviver les souvenirs et les impressions que nous avons nous-même rapportés de tant de sanctuaires vénérés. On ne trouvera toutefois dans le corps de l'ouvrage qu'une narration incomplète de ces voyages de dévotion dans lesquels le pieux abbé aimait, tous les ans, à retremper son âme. Afin de ne pas interrompre par de trop longues digressions le récit de sa vie, nous avons, d'après les conseils de juges autorisés, renvoyé à l'appendice placé à la fin du volume la relation détaillée de son pèlerinage à Rome et aux principales villes d'Italie.

Ces pages auraient paru depuis longtemps si des circonstances indépendantes de notre volonté n'en avaient retardé la publication.

Puissent - elles achever de consoler les sœurs, les amis et les enfants spirituels de celui qu'elles voudraient faire revivre! Puissent-elles apporter à tous ceux qui les liront, un enseignement salutaire, et leur faire partager l'édification et les nobles jouissances que nous avons éprouvées nous-même en les composant!

Les soumettant avec amour au jugement infaillible de notre mère la sainte Eglise, nous les déposons humblement aux pieds de Notre-Seigneur Jésus-Christ, le Prêtre par excellence et de la Vierge Immaculée, la Reine du clergé.

En la fête des saints apôtres Pierre et Paul, 29 juin 1895, troisième anniversaire de la mort de M. l'abbé Paul Hareux.

CHAPITRE PREMIER

L'une des plus grandes grâces que Dieu puisse accorder à un enfant, c'est de le faire naître de parents profondément chrétiens et sincèrement pieux. L'abbé Paul Hareux fut exceptionnellement favorisé sous ce rapport. La famille Hareux est très connue à Amiens par ses sentiments religieux et son dévouement aux bonnes œuvres ; elle est environnée depuis longtemps de cette estime universelle qui se transmet comme la meilleure part d'un héritage. Déjà, dans le passé, cette honorable famille avait donné au sanctuaire des prêtres distingués.

Lorsqu'éclata la Révolution, la paroisse Saint-Remi d'Amiens avait pour curé un grand-oncle du futur vicaire de Saint-Jacques : il se nommait Pierre-Léon Hareux. Né à Framerville (Somme) en 1759, de Pierre Hareux et de Marie-Gabrielle Bigorgne, sa piété et ses talents le firent élever, peu de temps après son ordination sacerdotale, à l'un des postes les plus importants du diocèse. Le 30 mars 1789, il prit part, en qualité de curé de Saint-Remi, à l'assemblée des trois ordres du bailliage d'Amiens, qui se tint dans l'église des Cordeliers (1), pour nommer des députés aux états généraux.

A la suite du décret de l'Assemblée nationale concernant le serment exigé des ecclésiastiques, M. Hareux fit imprimer et propager, de concert avec M. Duminy, curé de Saint-Michel d'Amiens, une formule de serment par laquelle, tout en témoignant de son respect pour la loi civile, il affirmait les droits imprescriptibles de la loi divine et protestait d'un attachement inviolable à la foi catholique, apostolique et romaine. Des affiches apposées sur toutes les places publiques désignèrent les deux courageux ministres de Jésus-Christ comme rebelles à la

(1) L'ancien couvent des Cordeliers était sur la paroisse Saint-Remi. La Révolution, après avoir dispersé les moines, vendit la maison conventuelle. L'église des Cordeliers fut rachetée et ornée par une dame du plus haut mérite, Charlotte-Françoise Pingré, veuve de Bernard Brunel. Ce monument, qui rappelait tant de souvenirs, a dû disparaître pour faire place à la belle et vaste église de Saint-Remy dont on achève la construction. — M. Hareux ne manqua point de témoigner sa reconnaissance à l'insigne bienfaitrice de sa paroisse : dans son testament, daté du 2 pluviôse an XII (23 janvier 1804), il lui donne et lègue tous ses ornements, ainsi que les tableaux de sa chambre et autres objets de piété.

loi, perturbateurs du repos public et déchus de leurs fonctions.

Le zélé curé de Saint-Remi se vit contraint de chercher un refuge à l'étranger. Il se retira d'abord à Malines, chez les Pères Récollets, puis à Maëstricht, et enfin dans une autre ville. En 1802, il put reprendre le chemin de la patrie. Mgr de Villaret, alors évêque d'Amiens, le rendit à son ancien troupeau, heureux de retrouver un tel pasteur. Mais la joie fut courte. L'exil, les privations et les chagrins avaient altéré la santé du confesseur de la foi. Il mourut le 25 janvier 1804, à l'âge de quarante-cinq ans. Selon son désir, il fut enterré dans le cimetière de Saint-Honoré, au faubourg de Beauvais. Ses restes ont été depuis transportés au cimetière de la Madeleine, dans la sépulture de famille.

On voyait autrefois son épitaphe gravée sur une pierre placée au chevet de l'ancienne église Saint-Honoré. Elle se terminait par cet éloge :

> Le peuple pleure son pasteur ;
> Le pauvre, son père ;
> La religion, son ornement.

Les regrets causés par la mort prématurée de ce prêtre fidèle inspirèrent une élégie qui fut imprimée dans le *Bulletin de la Somme*.

Quelques extraits suffiront pour en donner une idée.

Chrétiens ! fondez en pleurs, votre pasteur n'est plus !
Le sage, l'homme saint, Hareux est dans la tombe...
Faut-il qu'aux traits du sort le juste seul succombe ?
. . . .
Tu le vois : de ton nom confesseur glorieux
Hareux vole en exil, le vertueux Hareux !
Oui, Seigneur ! pour toi seul il quitte sa patrie,
Il brave les périls, il expose sa vie.
. . . .
Hareux reçoit enfin la palme du vainqueur,
Il s'assied au milieu des bénis du Seigneur,
Il place sur son front la couronne immortelle.

Un frère, croyons-nous, du courageux curé de Saint-Remy, M. Norbert Hareux, vicaire de Rosières en 1800, devint dans la suite curé de Soyécourt-en-Santerre. Il y mourut, à l'âge de soixante-onze ans, le 23 février 1844. On voit encore sa pierre tombale dans le cimetière de Soyécourt, où sa mémoire est restée en bénédiction.

M. Jean-Charles Bigorgne, oncle maternel de ces deux dignes prêtres, a rendu d'éminents services au diocèse d'Amiens, dont l'administration lui fut confiée pendant la tourmente révolutionnaire. Docteur en théologie, chanoine, vicaire général, il eut aussi l'honneur de subir la persécution pour la foi.

Ecroué à la Conciergerie d'Amiens, le

14 novembre 1793, ce vénérable ecclésiastique, alors presque sexagénaire, fut conduit quelques jours après aux Grands-Chapeaux. Rendu un moment à la liberté, il fut de nouveau arrêté et jeté dans les cachots de la Terreur. Il y passa presque toute l'année 1794. Traîné d'une prison à l'autre, il fut enfermé aux Capettes, le 16 février ; aux Carmélites, le 17 mars ; à Bicêtre, le 1er mai ; puis de nouveau aux Carmélites, le 15 octobre. M. Bigorgne était âgé de soixante-huit ans lorsque, le 9 avril 1803, il fut appelé à jouir au ciel de la béatitude promise à ceux qui souffrent ici-bas persécution pour la justice. Il fut inhumé dans le cimetière de Vauvillers, son village natal.

Les laïcs que nous rencontrons dans la généalogie de la famille Hareux sont dignes des prêtres éminents dont nous venons de rappeler la mémoire. L'aïeul du regretté vicaire de Saint-Jacques fut Constant Hareux. Chrétien exemplaire, il épousa, le 29 floréal an XI (19 mai 1803), Marie-Anne-Elisabeth Caullier, et mourut de la mort des justes, après quelques années de mariage, le 22 décembre 1809. De cette courte mais sainte union naquirent trois enfants : Firmin-Noël-Constant, mort en 1811, dans sa huitième année ; Jean-Baptiste-Florent et Pauline-Augustine Hareux.

La vertueuse veuve se consacra à l'éducation de ses enfants avec un dévouement
incomparable. Ame d'élite, sa piété n'avait
d'égale que sa douceur. C'était le modèle de
la mère chrétienne. Avec quelle sollicitude
elle s'appliqua à faire fructifier dans les âmes
que Dieu lui confiait, les heureuses semences
qu'y avaient déposées la nature et la grâce!

Mademoiselle Pauline Hareux quitta cette
terre d'exil le 14 avril 1853, à l'âge de qua-
rante-quatre ans, laissant après elle un riche
héritage de vertus et de bonnes œuvres.
Membre de la Congrégation de la Sainte
Vierge érigée en l'église Saint-Remi, elle
était aussi Fille de Saint-François. Son di-
plôme d'admission dans le tiers-ordre porte
la date du 20 mai 1851.

Quant à M. Jean-Baptiste-Florent Hareux,
le digne père de l'abbé Paul Hareux, son souvenir est encore vivant et vénéré dans Amiens
où il reçut le jour, le 8 mars 1805, et où il
passa presque toute sa vie. Depuis longtemps
sa parfaite honorabilité, ses sentiments profondément religieux et son dévouement aux
bonnes œuvres lui avaient acquis une grande
notoriété dans toute la ville. Dès son enfance
il témoigna une respectueuse docilité et une
profonde affection à sa pieuse mère, devenue
veuve après quelques années de mariage.
Modèle de piété filiale, il demeura inviola-

blement attaché à tous les devoirs de la vie chrétienne. Cette fidélité ne se démentit point pendant les deux années qu'il passa à Paris pour achever ses études. Observateur exact des préceptes sacrés concernant le jour du Seigneur, le jeûne et l'abstinence, il se tint à l'abri des dangers que présente l'immense capitale. Les dimanches et les fêtes, ses récréations consistaient à visiter quelque nouveau quartier, quelques monuments de Paris, soit seul, soit avec un compagnon choisi entre les plus vertueux. Marcheur infatigable, il allait parfois à pied jusqu'à Versailles.

Quelques années après son retour à Amiens, il succéda à son beau-père dans la charge de greffier du Tribunal de commerce. Il exerça longtemps cette honorable fonction et toujours il s'y montra l'homme intègre par excellence. L'église Saint-Jacques, sa paroisse natale, était heureuse de le compter parmi ses fabriciens. Lorsqu'il vint se fixer sur la paroisse de la cathédrale, la Société de Saint-Vincent de Paul s'empressa de lui ouvrir ses rangs. Il n'est pas possible de raconter, dans cette courte notice, tout le bien qu'il fit dans cette charitable association. Il n'y a qu'une voix pour louer l'édifiante régularité avec laquelle il assistait aux réunions, sa ponctualité et son zèle pour visiter ses chers pauvres, sa bonté pour les secourir et les consoler. A l'aumône matérielle il joignait l'aumône spirituelle : il tirait du bon trésor de son cœur de bonnes paroles pour les porter à Dieu. Aussi, comme ses pauvres l'aimaient !

M. Florent Hareux puisait la charité à sa source : en Dieu, au cœur de Jésus présent au Très Saint Sacrement. Il n'était pas seulement chrétien pratiquant : il était chrétien fervent, exemplaire. Toujours levé dès cinq heures du matin, il consacrait les premiers moments de la journée à la prière et à la méditation, qu'il faisait avec un recueillement profond, tout pénétré de la présence de Dieu. Il récitait ensuite une partie de l'office de la Sainte Vierge et lisait un chapitre de l'*Imitation*. Pendant ces pieux exercices, il demeurait soit à genoux, soit debout, sans feu dans l'âpre saison. A sept heures, il se rendait à la sainte messe et y communiait tous les deux jours avec une piété angélique. Rentré chez lui vers huit heures, il donnait tout son temps au travail, aux bonnes œuvres, à la piété.

En 1858, M. Hareux se retira des affaires. Dès lors, inscrit dans plusieurs confréries ou associations pieuses, il se fit un bonheur de consacrer ses loisirs et une grande partie de ses ressources aux diverses Œuvres qui sollicitaient son concours. L'Adoration nocturne le comptait parmi ses membres les plus zélés. Un mois avant sa mort, il avait, malgré ses quatre-vingt-deux ans, passé encore son heure de garde devant le Très Saint Sacrement. Il lui semblait, comme à M. Dupont, « le saint Homme de Tours, » que la meilleure manière de prier, c'est de se réunir la nuit, dans une même pensée, aux pieds de Notre-Seigneur, pour l'adorer, lui faire réparation d'honneur et lui exposer nos besoins.

Lorsque Mgr Boudinet forma le Comité de l'Œuvre de la Sainte-Enfance, il jeta les yeux sur M. Hareux pour en être le Trésorier. Ce fut aussi à lui que les RR. PP. Franciscains s'adressèrent, en 1864, pour être leur syndic, c'est-à-dire leur économe, chargé de recevoir les aumônes et de gérer leurs affaires temporelles. Cette fonction toute de dévouement qu'il légua à son fils, le digne père de l'abbé Hareux la remplit jusqu'à la fin de sa vie, pendant vingt-trois ans, avec une activité et un zèle au-dessus de tout éloge. Sa sollicitude et sa prudence se manifestèrent particulièrement à l'époque néfaste des expulsions. En des temps difficiles il ne cessa jamais de se montrer le fidèle ami et le charitable protecteur des fils de saint François, ces héroïques observateurs de la sainte pauvreté volontaire. Lui-même enfant du

Séraphique par le tiers-ordre, il vivait dans le monde comme un religieux exemplaire et récitait son office avec une profonde dévotion.

M. Hareux était un paroissien modèle. Si sa piété le portait partout où il y avait une cérémonie particulière, un sermon à entendre, ce n'était jamais au préjudice de son assiduité aux offices de sa paroisse. Il n'était pas moins exact à assister aux réunions de la congrégation des hommes, établie à la cathédrale. D'une tendre piété envers Marie, il récitait chaque jour le chapelet avec un recueillement dont rien ne pouvait le distraire. Ses journées étaient remplies de bonnes œuvres qu'il accomplissait sans la moindre ostentation, avec une rare modestie et un grand esprit de foi. Le soir, il allait assister au salut et recevoir la bénédiction du Saint Sacrement dans la chapelle des Clarisses ou dans une autre église de la ville. Quand l'heure du repos avait sonné, il pouvait dire avec le Psalmiste : *En paix je me coucherai et je m'endormirai; car, ô mon Dieu, vous établissez mon âme dans une douce sécurité* (*Ps.* IV, 9, 10).

Si prompte que fût la mort, elle ne pouvait surprendre celui dont nous avons cru devoir esquisser la sainte vie. Ce fut le dimanche 23 janvier 1887 qu'elle vint le ravir à l'affection de ses enfants et de ses amis. Il s'était confessé la veille, comme il avait coutume de le faire tous les samedis. Le dimanche, vers six heures du matin, il se disposait par la prière à aller communier à la messe de sept heures. Il sentit alors une forte douleur subite dans la région du cœur. Un prêtre, appelé en toute hâte, lui renouvela l'absolution. Le vénérable M. Hareux se trouva mieux et l'on espérait. Mais bientôt, le mal se faisant de nouveau sentir, il dit : « Je me meurs ; mon Dieu, pardonnez-moi mes péchés ! » On lui administra l'Extrême-Onction, et aussitôt après, le jour de la fête des Epousailles de la Sainte Vierge, ce pieux congréganiste de Marie, ce modèle des époux et des pères, allait rejoindre la digne épouse et les deux filles chéries qui l'avaient précédé au ciel.

La maison et la fortune sont des largesses des parents, dit l'Esprit-Saint ; mais la femme intelligente et pieuse est un don de Dieu. Il l'accorde à l'homme vertueux pour semer des fleurs sur son chemin, illuminer son intérieur, sa vie tout entière de mille reflets gracieux d'une douce et tranquille lumière, semblable à un flambeau brillant allumé sur un chandelier d'or dans le temple de Jérusalem (*Eccli.*, xxvi, 21, 22).

Telle fut l'épouse à laquelle M. Florent Hareux s'unit le 13 novembre 1832. Mademoiselle Zoé Jumel, qui devint madame

Hareux, était issue d'une famille également recommandable par sa probité et ses sentiments religieux.

Son père, M. Jumel-Josse, était un homme d'un grand mérite et jouissait à bon droit de la plus haute considération. Attiré dès son enfance vers le sacerdoce, la Révolution l'avait chassé du pieux asile où il étudiait sa vocation. Forcé de rentrer dans le monde, il obtint de Dieu, par ses prières, une compagne digne de lui. Les deux époux se montrèrent des modèles de vertus chrétiennes. M. Jumel fut longtemps greffier du Tribunal de commerce et, pendant trente années, il remplit également, à la satisfaction générale, les fonctions de Trésorier de la fabrique dans la paroisse Saint-Jacques. C'était, comme le fut son gendre, M. Florent Hareux, l'homme intègre et le chrétien parfait. « M. Jumel, nous écrivait un vénérable ecclésiastique, c'était, par excellence, l'homme bon et aimable, intelligent et instruit, droit, charitable et pieux. Vrai patriarche, il s'endormit dans la paix du Seigneur, à quatre-vingt-quatre ans, emportant l'estime et les regrets de tous. Comme il chérissait son petit-fils, le futur abbé Paul Hareux ! »

A une intelligence élevée, à un cœur excellent, madame Hareux unissait une piété éclairée et une gaieté pleine de charme.

Une lettre de l'abbé du Gard, datée du 13 février 1830, prouve que la famille Jumel entretenait de pieuses relations avec les Trappistes de ce monastère et assure une neuvaine que la pieuse fille avait demandée pour sa mère malade. Le 9 novembre 1832, quatre jours avant le mariage, le R. P. abbé, Dom Germain, promet de prier pour les futurs époux et d'assister à la bénédiction nuptiale.

Le 22 février 1843, madame Hareux fut admise dans la congrégation de la Sainte-Vierge, canoniquement érigée en l'honneur de l'Immaculée Conception dans l'église Saint-Jacques d'Amiens. Les fragments de sa correspondance qui ont été conservés, des notes intimes écrites de sa main et contenant des maximes spirituelles tirées de la sainte Ecriture et des meilleurs auteurs ascétiques, nous révèlent en elle une femme supérieure et une chrétienne fervente. Avec quel zèle tout apostolique elle s'efforce, dans une lettre de huit pages, de détourner une amie de la fréquentation du théâtre ! Avec quelle énergie elle la conjure, pour le salut de son âme, de renoncer aux spectacles ! A la pensée du ciel, de la vision béatifique, de la possession éternelle de Dieu, son âme éprouve des tressaillements qui rappellent ceux de sainte Thérèse. « Ah ! s'écrie-t-elle, cette pensée du ciel remplit et absorbe mon âme. Plongée dans cette méditation, je passerais un siècle sans m'en apercevoir, et je n'en sortirais que pour m'y replonger avec une nouvelle ardeur... Cette vive impression ébranle tout mon être. Mon âme se réveille, elle s'élève, elle s'élance triomphante vers la céleste patrie, vers son Dieu. »

Celle à qui sa piété inspirait de pareils accents était bien la femme qui convenait à un chrétien accompli comme M. Hareux. Aussi, quelle douce et sainte union ! quelle affection réciproque ! quel intérieur admirable et édifiant ! « En pénétrant dans le sanctuaire de cette sainte famille, on se sentait embaumé du parfum des plus aimables vertus, » dit un vénérable ecclésiastique, dans les notes précieuses qu'il a eu l'obligeance de nous communiquer (1). Nous n'essaierons pas de raconter ici en détail quels furent les soins tendres dont madame Hareux entoura le berceau de ses chers enfants ; quelle fut sa sollicitude pour les former à la piété, pour diriger vers Dieu les premières pensées de leur intelligence, les premières affections de leur cœur.

Ce fut dans ce premier sanctuaire domestique que le futur vicaire de Saint-Jacques

(1) M. l'abbé Crognet, curé de Boury, au diocèse de Beauvais, ami intime de la famille Hareux.

apprit, dès sa plus tendre enfance, à goûter les charmes de la vertu et les douceurs de l'amour divin ; ce fut dans ce milieu si favorable qu'il sentit se développer les germes de vocation ecclésiastique que Dieu avait déposés dans sa belle âme ; ce fut à cette première école qu'il apprit à devenir ce qu'on verra dans les chapitres qui vont suivre.

CHAPITRE II

Le Seigneur avait déjà donné deux filles (1)
aux pieux époux dont on connaît le mérite,
lorsque leur couronne nuptiale s'enrichit
d'un troisième fleuron. Paul-Joseph-Pascal-
Florent Hareux naquit le 6 novembre 1843,
à cinq heures du matin. C'était la veille de
saint Florent, patron du chef de cette chrétienne famille, qui lui adressait en ce jour
ses souhaits et ses vœux. Le nouveau-né fut
offert comme un bouquet de fête à cet heureux père dont il devait être la consolation et
la gloire. Baptisé le jour même de sa naissance, il eut pour parrain Pascal Orville,
son cousin, et pour marraine Pauline-Augustine Hareux, sa tante. Le vénérable pasteur
qui versa l'onde régénératrice sur le front du
jeune Hareux, pressentit et déclara que cet

(1) La cadette, Rosa-Marie Hareux, née le 29 mars 1836,
mourut dans sa dixième année.

enfant serait un jour prêtre. C'était une prophétie. Lorsque, dans la suite, il le voyait ou s'informait de lui, il l'appelait agréablement *Per omnia*, faisant ainsi allusion à la vocation sacerdotale qu'il lui prédisait.

Paul Hareux eut la bonne fortune de rencontrer, dès ses premiers pas dans la vie, la Sagesse qui l'accompagna partout dans le cours de ses plus tendres années. Pour s'assurer de son cœur, elle emprunta les traits et la voix de ses vertueux parents. L'éducation de leur enfant, à laquelle ils donnèrent pour base la piété, leur parut le plus doux et le plus saint de leurs devoirs. Si les sages leçons du père se gravèrent en caractères ineffaçables dans cette âme tendre et heureusement douée, les salutaires exemples de la mère ne furent pas moins efficaces. N'est-ce pas à nos mères que nous devons, la plupart du temps, d'être ce que nous sommes? N'est-ce pas à la mère chrétienne qu'il appartient de pétrir de foi, de pureté et d'amour pour Dieu l'âme de son fils? Laisasons parler l'abbé Hareux : « C'est un fait d'expérience que la mère a sur son enfant une influence presque décisive. L'enfant n'est-il pas naturellement disposé à imiter les exemples qu'il a sous les yeux, surtout quand ils lui sont donnés par celle qu'il se plaît à appeler sa mère? Saint Louis, roi de

France, saint Louis de Gonzague, saint François de Sales et tant d'autres Saints ne
doivent-ils pas, en grande partie, à la vertu
de leur mère, à la première éducation qu'ils
ont reçue, de s'être élevés à une éminente
sainteté (1) ? » Il y a, en effet, tant d'intimité,
et pendant si longtemps, entre le cœur de la
mère et le cœur de l'enfant ! « La mère est
toujours au foyer et il y a un rayonnement
constant de son âme sur l'âme de ce petit
être. Quand c'est dans la lumière qui descend
de la face du Christ qu'elle va à lui, par tout
contact elle l'imprègne de foi (2). » De là cette
parole du saint curé d'Ars : « La vertu passe
du cœur des mères dans celui des enfants,
qui font volontiers ce qu'ils voient faire. »

C'est ce qui arriva pour le futur vicaire de
Saint-Jacques. Il suça la piété avec le lait,
et son premier prie-Dieu, ce furent les genoux
de sa mère, qui lui inspira, dès sa plus tendre
enfance, l'amour de la vertu et l'horreur du
vice.

Il n'avait pas encore deux ans lorsque
mourut sa sœur Rosa. Ce fut le samedi
19 juillet 1845 que l'ange du trépas vint
cueillir cette rose printanière, encore tout
humide de la rosée du matin, pour en orner

(1) *Instruction aux Enfants de Marie.*
(2) R. P. Vallée, *Premier panégyrique du Triduum
de saint Jean de la Croix*, prêché à Caen, en 1891.

le Paradis. La famille de notre cher abbé trouva dans sa foi les consolations dont elle avait besoin. « Nous avons perdu cette fille chérie ; nous l'avons rendue à Celui qui nous l'avait prêtée, écrivait Madame Hareux à l'une de ses amies. La vie ne lui a pas été enlevée, mais plutôt changée en une meilleure. Cet objet de notre tendresse, la terre ne couvrira que sa dépouille ; elle-même est au ciel. Encore un peu de temps et nous serons réunis à celle que nous pleurons. Efforçons-nous, par la pratique de la vertu et la perfection de notre vie, d'être associés à cette âme si pure. Si la vie de cette chère enfant n'a pas été de longue durée ici-bas, n'est-ce point là la plus grande faveur du Ciel envers elle ? Un plus long séjour sur la terre eût été un plus long assujettissement à toutes sortes de maux. Elle n'a pas connu le péché, elle n'a jamais nui à son prochain, ni fréquenté la société des méchants ; son âme exempte de souillure est sortie de ce monde corrompu pour s'élancer dans le séjour des Bienheureux, où elle jouit de la vue de Dieu. Disons donc : « Le Seigneur « nous l'a donnée, le Seigneur nous l'a ôtée ; « que le nom du Seigneur soit béni. A la « terre ton corps, au ciel ton âme, à nous « ton souvenir ! »

Vers l'âge de dix ans Paul Hareux commença à suivre, en qualité d'externe, les classes du collège de la Providence, dirigé par les RR. PP. Jésuites avec un dévouement et un succès dont nous n'avons pas à faire ici l'éloge. Grâce à ses bulletins, à ses notes, à ses « Témoignages » conservés avec un soin pieux dans sa famille, nous pouvons affirmer, avec preuves à l'appui, que, dès les classes élémentaires, M. l'abbé Hareux fut un élève régulier et studieux. Ses premiers bulletins portent la note « presque très bien » pour les devoirs religieux, la conduite, l'application, la politesse, la tenue et l'ordre. Dès le second trimestre de sixième, cette note se change en « très bien » pour ne plus varier jusqu'à la fin de ses classes.

Ce fut le 11 mai 1856 que le pieux enfant reçut pour la première fois la visite du Dieu qu'on lui avait appris à aimer de tout son cœur. Avec quelle ferveur il se prépara à cette sainte action ! Quels ne furent pas ses efforts pour vaincre sa vivacité naturelle, sa vigilance pour éviter les moindres fautes, son esprit de régularité, son attention à la prière, son application à l'étude et surtout à celle du catéchisme ! Un petit cahier intitulé : *Souvenir de ma première communion*, nous initie aux secrets de cette âme candide. Il porte en tête une invocation à Jésus, à Marie immaculée et à saint Louis de Gonzague, pour obtenir la grâce de faire une bonne première communion. Après avoir marqué l'ordre des exercices de la retraite, le jeune communiant confie ses impressions et ses résolutions à ces pages intimes, tout imprégnées d'une piété naïve.

Résumé de mes petites méditations.

Jeudi 8 mai, trois jours avant ma première communion. — « La retraite est un temps de prière, où l'on se sépare entièrement du monde pour ne penser qu'à Dieu. Pour mieux me préparer à la grande action que je dois faire dans trois jours, je mettrai à la porte toutes les pensées étrangères. »

Vendredi 9 mai. — « Accordez-moi, ô mon Dieu, par l'entremise de Marie, ma bonne Mère, de saint Joseph, de mon ange gardien et de mon saint patron, l'horreur du péché, la grâce de faire une bonne première communion. Je vous demande cela de tout mon cœur, ô ma bonne Mère. Je prends la résolution, pendant cette retraite, de ne m'occuper que de moi seul. »

Samedi 10 mai, veille de ma première communion. — « Je mourrai certainement. Quand? Je ne le sais pas. O mon Dieu, accordez-moi de demeurer toujours en état de grâce, de bien recevoir l'absolution aujourd'hui, de bien communier demain, afin que ce soit le plus beau jour de ma vie. »

Résolutions.

« Dieu me voit. — Afin de me corriger, je ne m'excuserai pas, même quand j'aurai raison.

« Je tâcherai d'avoir toujours mon premier Témoignage pour l'offrir à la Sainte Vierge.

« Je ferai tous mes devoirs avec beaucoup de soin, pour plaire à Dieu et à Marie.

« Si j'avais jamais le malheur d'offenser Dieu mortellement, je n'irais pas me coucher sans me confesser.

« J'aurai une tendre dévotion à ma Mère bien-aimée, la Sainte Vierge ; je serai obéissant à mes parents et à mes maîtres comme Notre-Seigneur était obéissant à Marie et à Joseph.

« Je serai charitable envers mes condisciples ; si l'un d'eux me frappe, je ne lui rendrai pas les coups qu'il m'aura donnés ; je ne souhaiterai pas de mal à mes ennemis.

« J'aurai de la charité envers mes sœurs et envers les domestiques.

« Je réciterai tous les jours le *Memorare* et la prière de la Médaille.

« Je me confesserai au moins tous les quinze jours.

« J'apprendrai bien mes leçons et je suivrai les bons sentiments qui me seront suggérés. »

11 *mai* 1856, *jour de ma première communion*. — « Je viens de faire ma première communion. Je remercie Dieu de tout mon cœur du bonheur qu'il m'a procuré et je renouvelle mes résolutions. O Marie, c'est de tout mon cœur que je vais tout à l'heure me consacrer à votre service. J'ai été très ému quand le prêtre a pris la sainte hostie du ciboire et me l'a présentée. Tous les ans je ferai l'anniversaire de ma première communion.

« Je prends pour grande résolution de tout faire pour plaire à Dieu et à ma bonne Mère, la Sainte Vierge, à qui je resterai fidèle toute ma vie. »

Notre pieux communiant avait porté au saint banquet, avec toute la joie de ses douze ans, la fleur de l'innocence baptismale conservée. A partir de ce jour, sa piété prit un nouvel essor; son front était marqué pour le sacerdoce. Au collège comme dans sa famille, il était de plus en plus un sujet d'édification. Sa pieuse mère le proposait pour modèle à ses sœurs, dont elle confia l'éducation aux Ursulines de la ville; et le R. P. Guidée, charmé des excellentes dispositions de cet enfant, disait, en le désignant à ses condisciples : « Voilà notre bon élève. »

Type de la mère chrétienne, Madame Hareux ne négligeait rien pour stimuler les efforts de son fils. L'abbé Hareux conserva toute sa vie, avec un vif sentiment de piété filiale, les images que cette excellente mère lui donnait comme récompenses. L'une représente saint Louis écoutant les conseils de Blanche de Castille, sa mère. Sur une autre ayant pour titre : *Immaculée Conception et saint temps de Noël. — Saints désirs d'innocence,* on lit : « A mon cher fils. — Auguste Mère du Dieu fait homme, disposez vousmême le berceau de mon cœur, afin que l'hôte divin vienne prendre en moi ses délices. Obtenez-moi pour parure le lis de la pureté, la violette de l'humilité, la rose de la charité... »

De concert avec son digne époux, Madame Hareux se faisait un bonheur de procurer à ses enfants des récréations innocentes en rapport avec leur âge. Mais elle se serait bien gardée de les conduire à des divertissements où ils eussent pu rencontrer l'ombre d'un danger pour leur vertu. Elle était, sous ce rapport, d'une scrupuleuse délicatesse. Dans ses doutes elle consultait son confesseur, M. Capellier, chanoine de la cathédrale et pénitencier, connu par la sévérité de ses principes. Chaque fois que cette admirable mère passait devant le théâtre avec ses enfants, elle leur faisait réciter cette prière : « Mon Dieu, ne permettez pas que nous mettions jamais les pieds dans cet endroit dangereux. » Cette maternelle précaution inspira au frère et aux sœurs une aversion profonde pour ces lieux de plaisir où tant d'innocences font naufrage. « Je me serais bien gardé d'aller jamais au théâtre, disait plus tard l'abbé Hareux : j'aurais cru entrer en enfer. »

Dès l'année de sa première communion il s'abstint, pendant la foire de la Saint-Jean, de visiter les loges qui, sans présenter aucun danger, avaient tant d'attraits pour les enfants de son âge. Nature d'élite, ayant déjà des goûts sérieux, il voulait se mortifier dans des choses permises et viser à la perfection. Ses cahiers de retraite témoignent de l'attention qu'il apportait aux instructions spirituelles de ses maîtres. Il revient souvent, dans ses notes, sur la pensée de la mort, la fuite du péché, la dévotion envers la Sainte Vierge, saint Joseph, son ange gardien et son saint patron. Il insiste aussi sur l'application à bien faire chaque chose en son temps. Au mois de novembre 1856, à la suite d'une

retraite prêchée par le R. P. Denys, il écrit
en tête de ses résolutions : « Faire ce que le
bon Dieu veut que je fasse. En classe, écouter; à l'étude, travailler; en récréation, jouer;
à table, manger. »

A un âge où les enfants ne rêvent que jeux
bruyants, on le voyait mettre son bonheur à
suivre les divins offices et à imiter, dans un
oratoire domestique, les cérémonies dont il
avait été le témoin ravi.

Le 21 novembre de cette même année 1856,
Paul Hareux assista à la fête de la Présenta-
tion de la Sainte Vierge, célébrée avec une
grande solennité chez les Religieuses de Louvencourt d'Amiens, dans cette même chapelle où, plus tard, devenu prêtre, il annon-
cera plusieurs fois la parole de Dieu. La
cérémonie fut présidée par Sa Grandeur
Mgr Boudinet, de douce et pieuse mémoire.
Elle fit une si profonde impression sur le
jeune élève de la Providence, qu'il essaya
d'en retracer le récit. C'est le premier essai
de composition littéraire que l'on trouve
dans ses papiers. On y pressent, on y devine
déjà, dans cet enfant de treize ans, le bon et
pieux abbé Hareux, avec son âme simple,
droite, pure, déjà éprise d'un tendre amour
pour Notre-Seigneur et pour sa sainte Mère.

« Est-il un sujet plus doux à traiter pour
ma faible plume que le récit d'une fête en

l'honneur de notre bonne Mère du ciel ? Je voudrais raconter ce que mes yeux ont vu, ce que mon âme a éprouvé de sentiments, ce que mon cœur a ressenti d'amour en présence de ces hommages rendus à la plus pure des Vierges. O sainte religion catholique ! tu es une source de consolation et de paix. Qu'ils sont à plaindre, ceux qui ne te connaissent pas ! S'ils avaient assisté à la cérémonie de ce soir, bien des cœurs seraient gagnés à Dieu.

« Cette fête laissera un heureux souvenir dans la fervente communauté de Louvencourt, objet de la sollicitude paternelle de Monseigneur, qui assista à tous les offices de la journée. On respirait un parfum de sainteté dans la chapelle ornée de draperies et de guirlandes de fleurs. Le maître-autel, splendide, étincelait de lumières... Le Saint Sacrement était exposé. Un superbe tableau représentait Notre-Seigneur montrant son cœur. Il semblait dire : « Viens, pauvre âme ; approche-toi de ce cœur ; il est à toi. » Combien de fois, ô divine image, je suis resté longtemps à te contempler ! Cœur adorable de Jésus, tu sais combien de fois mes lèvres ont murmuré le désir d'entrer en communion avec toi, soupirant après le moment où ta sainte volonté le permettra. J'attends, Seigneur, j'attends.

« L'autel de Marie tenant l'enfant Jésus entre ses bras, était décoré avec magnificence. L'orgue se fait entendre ; la procession se met en marche ; les élèves du pensionnat, couvertes d'un voile blanc et tenant un cierge à la main, s'avancent modestes et recueillies, entourant la douce image de Marie, leur céleste modèle, que portent en triomphe quatre pensionnaires privilégiées. La mère de Jésus, les mains étendues, semble les bénir et leur dire : « Chères enfants, soyez-moi toujours fidèles et vous serez toujours heureuses comme en ce moment. » Une religieuse, à la démarche noble et imposante, porte la croix ; elle est accompagnée de deux novices portant un long cierge. Puis viennent les enfants de Marie et de Saint-Louis de Gonzague, heureuses sous leurs robes blanches et avec les bouquets qu'elles tiennent à la main.

« Monseigneur, en grand costume, mître en tête et crosse en main, donne sa bénédiction aux dames religieuses agenouillées sur son passage. Au milieu d'elles est Madame la Supérieure, sainte âme qui ne vit que pour faire le bien, vrai soutien des pauvres et des malheureux. On peut lui appliquer ces paroles : *La charité de Jésus-Christ me presse.*

« Tu es bénie, ô maison de Louvencourt, en ta sainte Supérieure, digne épouse de

Jésus-Christ, et en tes saintes filles qui emploient les plus belles années de leur vie à former tant d'âmes à la vertu ! »

Un autre écrit, daté du 15 février 1857, nous montre dans quelles excellentes dispositions Paul Hareux reçut le sacrement de confirmation des mains de Mgr Boudinet. Quelques mois plus tard, à l'occasion de la retraite annuelle, il confiait à son journal spirituel les lignes suivantes : « Je ferai mon examen de conscience tous les jours pour me corriger de mes défauts. Il faut vaincre ses passions, marcher sur elles comme sur les marches d'un escalier pour arriver au ciel. »

Ceux qui ont le mieux connu M. l'abbé Hareux savent à quel rare degré il possédait l'esprit d'ordre. Tous ses cahiers, conservés et classés avec le plus grand soin, permettent de le suivre pendant toutes ses études, depuis les cours élémentaires de français et les premiers essais de calligraphie jusqu'à la fin du Grand Séminaire et les dernières leçons de théologie. Il en est de même pour les nombreux sermons qu'il a composés pendant les vingt-deux années de son laborieux ministère.

A une belle intelligence, M. Hareux unissait une remarquable rectitude de jugement et une grande application à l'étude. De là les succès qu'il remporta dans ses classes. Il se

liait avec les élèves les plus pieux et particulièrement avec ceux qui se sentaient, comme
lui, attirés vers le sacerdoce. Un peu plus
tard, il se faisait une joie de visiter ceux de
ses amis qui l'avaient devancé au Grand
Séminaire. Sa bonté, sa modestie, son exquise
délicatesse de conscience, faisaient l'admiration de ses maîtres et lui conciliaient l'affection des élèves. Naturellement très réservé,
le vertueux écolier prie et lutte pour que sa
réserve ne dégénère pas en défaut. Pendant
la retraite de 1860, il se recommande à sa
bonne Mère du ciel, à saint Joseph et à son
bon ange, puis il prend les résolutions suivantes : « Je m'exercerai à la pratique de
l'humilité, de la patience et de la douceur, et
j'aurai plus d'ouverture avec mes condisciples. » Déjà, lors de la retraite de l'année
précédente, il avait écrit : « O mon Dieu, je
me jette à vos pieds et vous prie d'agréer la
résolution que j'ai prise d'être plus affable
envers mes condisciples et d'avoir plus
d'humilité. »

Paul Hareux était très défiant de lui-
même, trop défiant peut-être, surtout lorsqu'il fut parvenu à la maturité de l'âge et de
la raison. Aussi recherchait-il toujours les
avis des personnes qui avaient sa confiance.
Aimé des hommes, il ne pouvait manquer
d'être aussi aimé de Dieu. C'est pour cela,

sans doute, que ce divin Sculpteur travailla
cette belle âme avec le ciseau de l'épreuve
pour la perfectionner et la préparer par la
souffrance au ministère évangélique.

D'un tempérament très nerveux, ce vertueux élève de la Providence avait une santé
délicate qui lui rendait souvent fort difficile
le travail de l'étude. Pendant plusieurs
années, son courage héroïque triompha de
cet obstacle. Mais, arrivé aux humanités, il
fut atteint d'une de ces pénibles maladies
qui, sans s'attaquer spécialement à une partie de l'organisme, le minait tout entier et
déjouait les efforts de la science. Réduit à
l'impuissance, malgré toute l'énergie de sa
volonté, il lui fallut interrompre ses études.

Quel sacrifice pour lui et pour les siens !
Les personnes amies se demandaient avec
inquiétude si les riches trésors de l'intelligence et du cœur que le divin Auteur de tout
don avait si libéralement départis à ce pieux
jeune homme, n'allaient pas demeurer sté-
riles... On eut recours à la prière, on s'adressa
à la Sainte Vierge, à saint Joseph, au bon
ange gardien; on multiplia les neuvaines, les
communions et divers exercices de piété.
Déjà le malade sentait battre dans sa poitrine un cœur d'apôtre. Aussi, quelle consolation pour lui de consacrer ses loisirs forcés
à l'*Œuvre de la Sainte-Enfance*, récemment

confiée à sa famille, après le départ d'Amiens
de la généreuse chrétienne qui l'avait insti-
tuée dans notre diocèse !

Après deux ans d'attente, la Sainte Vierge
et les anges de la Sainte-Enfance lui obtinrent
assez de forces pour continuer ses études. Ils
lui laissèrent toutefois de son état maladif ce
qui suffisait pour servir de perpétuel exercice à sa vertu. Au mois d'octobre 1862, il
commença sa rhétorique, qui fut suivie de
deux années de philosophie. Il eut toujours
de bonnes places, mais les succès les plus
brillants, les premières places et les premiers
prix étaient pour d'autres qui avaient le travail plus facile. Le R. P. Barbelin disait :
« Je compte beaucoup sur le fruit des études
de Paul Hareux ; ce qu'il sait, il le sait bien
et le comprend mieux que certains élèves qui
apprennent plus facilement, mais qui oublient
plus promptement. »

Pendant les vacances qui suivirent sa
rhétorique, Paul Hareux fit un voyage à
Paris. Il y passa une quinzaine de jours avec
sa famille. Un journal détaillé, écrit de sa
main, nous permet de l'accompagner aux
principales églises de la capitale. La première
visite fut pour Notre-Dame des Victoires,
et, pendant tout le séjour à Paris, ce célèbre
sanctuaire revit chaque soir la pieuse famille
d'Amiens.

Le futur ministre du Seigneur se faisait remarquer, dès cette époque de sa vie, par une dévotion particulière envers la divine Eucharistie et la Sainte Vierge. Son bonheur, les jours de congé, était d'assister au salut dans la chapelle des Clarisses, qui est, à Amiens, le centre de l'Adoration perpétuelle du jour et de la nuit. Avec quelle foi vive il accompagnait, un cierge à la main, le Très Saint Sacrement lorsqu'on le portait processionnellement au reposoir de la tribune, près de la grille du chœur des religieuses! Quelle joie pour son âme de tenir l'ombrellino!

Sa piété envers Marie trouvait un aliment dans la Congrégation de la Sainte-Vierge. Il y avait été admis en 1857, en la fête de l'Immaculée Conception. Il conservait dans ses papiers un double de son acte de consécration à la Reine du ciel, inscrit par lui sur le registre de la Congrégation. « Sainte Marie, mère de Dieu et toujours Vierge, moi, Paul Hareux, vous choisis aujourd'hui pour ma souveraine, ma patronne et mon avocate; je prends la ferme et invariable résolution de ne jamais vous abandonner, de ne jamais rien dire ni faire qui puisse vous déplaire. Recevez moi à votre service, assistez-moi dans toutes mes actions et ne m'abandonnez pas à l'heure de ma mort. »

Après sa première année de philosophie,

Paul Hareux subit avec succès les examens du baccalauréat ès lettres. C'était le 2 août 1864, en la fête de Notre-Dame des Anges, comme il prit soin de le noter sur son programme. En cette circonstance critique, le fervent congréganiste de Marie ne manqua point de se recommander à sa puissante protectrice. Au verso d'une petite image de Notre-Dame des Victoires, conservée dans la famille, on lit ces mots écrits de la main de notre pieux et modeste bachelier : « Notre-Dame du baccalauréat, priez pour moi. — J'ai porté cette image à mon examen de baccalauréat. » Parmi les cartes de félicitations adressées en cette circonstance à la famille Hareux, il en est une portant cette mention : « l'Evêque d'Amiens. »

Lors du tirage au sort, où il prit un bon numéro, le pieux élève des Jésuites avait encore à la main une médaille de la Sainte Vierge. C'est ainsi que dans les événements importants de sa vie, il avait recours à sa céleste Mère, à sa puissante protectrice. Il mettait en pratique le conseil de saint Bernard qui nous dit : « Dans toutes vos difficultés, dans tous vos besoins, appelez Marie à votre secours. »

Paul Hareux était arrivé à la fin de ses classes. C'était le moment de choisir une carrière. Attiré vers le sacerdoce, il consulta

Dieu par la prière, afin de connaître sa volonté. Dans les derniers jours de juin 1864,
il suivit la retraite donnée par le R. P. Hubin
aux élèves de philosophie, à la maison de
campagne de Montières. Ici encore ses notes
intimes nous permettent de lire dans son
âme. « Que voulez-vous de moi, Seigneur ?
écrit-il le 27 juin. Faites-moi connaître le
chemin où je dois marcher... Je prends pour
résolution d'aimer le bon Dieu de tout mon
cœur, de travailler de plus en plus à acquérir
les vertus d'humilité, de pureté et l'esprit de
mortification. Je prends la Sainte Vierge pour
patronne et me consacre à elle. Je me mets
sous la tutelle de saint Joseph et du Saint
dont je porte le nom ; je prie mon ange gardien de veiller sur moi et de me préserver
des maux de l'âme et du corps. Enfin je veux,
par une fidélité constante à la grâce, correspondre pleinement aux vues de la Providence
sur moi. »

Après son baccalauréat ès lettres, M. Hareux fit une seconde année de philosophie.
Vers la fin de l'année scolaire 1864-1865, nous
le retrouvons suivant, avec sa ferveur ordinaire, la retraite de Montières. Il nous
révèle lui-même l'utilité de cette retraite
pour aider les jeunes gens à connaître leur
vocation. « Son but principal, c'est de nous
faire connaître le chemin que nous devons

suivre, la carrière que nous devons embrasser. Pour connaître sa vocation, il faut exa-
miner ses goûts, réfléchir et prier, prier
beaucoup pour que la volonté de Dieu se
manifeste. »

Pendant ces saints exercices, celui qui va
devenir bientôt l'abbé Hareux, multiplia les
hommages de sa piété filiale envers sa Mère
du ciel. Il s'associa aux sentiments et aux
pieuses pratiques que la muse d'un de ses
amis a exprimés dans une charmante poésie
dont voici quelques couplets :

Près de quitter le sanctuaire
Où j'ai goûté tant de bonheur,
Aux pieds de mon aimable Mère,
Je veux déposer une fleur.

Deux fois, m'arrachant à l'étude,
Je suis venu chercher la paix
Dans cette solitude ;
Deux fois j'y reçus ses bienfaits.

Au fond de ce riant bocage
J'allais souvent la visiter ;
A genoux devant son image
Il m'était doux de méditer.

. . . .
. . . .

A travers ce monde infidèle,
Vierge si féconde en bienfaits
Guide ma fragile nacelle
Au port de l'éternelle paix.

Que la gracieuse innocence,
Des anges ici-bas la sœur.
Jointe à la sainte obéissance
Soit la parure de mon cœur.

Le jour de la clôture des saints exercices, le pieux retraitant écrivait sur son journal intime : « Je viens de recevoir Notre-Seigneur dans son sacrement, je prends en sa présence et sous l'œil de Marie, ma tendre Mère, la résolution d'accepter sans murmure et avec joie les mille contrariétés qui se rencontreront. Je renouvelle ma résolution prise l'an dernier, d'aller avec moins de crainte et plus de confiance dans le service de Dieu. Je recommande instamment ma vocation à la Sainte Vierge, à saint Joseph, à saint Pierre et saint Paul, dont l'Eglise célèbre aujourd'hui la fête, à mon saint ange gardien, à tous les saints anges, à tous les Saints et Saintes du paradis. »

CHAPITRE III

Les lignes qui terminent le chapitre précédent sont datées du 29 juin 1865, juste vingt-sept ans avant la mort de celui qui les a écrites. Trois mois ne s'étaient pas encore écoulés, lorsque l'ancien élève de la Providence revêtait les livrées du sanctuaire et voyait s'ouvrir devant lui les portes du Grand Séminaire d'Amiens. C'était le 23 septembre, veille de la solennité de saint Firmin le martyr, premier évêque de la vieille cité picarde. La santé du jeune lévite était loin d'être robuste. Presque toujours maladif, il avait grandi au milieu des souffrances. Aussi, grandes furent les appréhensions de la pieuse mère lorsque, à la fin des vacances, le fils de sa tendresse se disposa à quitter la famille où il était entouré de soins et de délicates attentions, pour commencer la vie austère du Séminaire. « Si ce n'était pour Dieu, disait-elle, je ne le laisserais pas aller. » Mais Dieu avait parlé au cœur de son enfant : elle se montra généreuse.

Une nouvelle vie va commencer pour
Paul Hareux. Elles vont se réaliser en sa
faveur, ces paroles d'un pieux et docte prélat :
« Quel que soit l'élu, l'heure venue, Dieu le
prend. Il le met à l'écart ; il l'isole du monde
par une clôture, par un vêtement nouveau,
par d'austères habitudes... C'est ici que commence la déification de cet enfant. Le Séminaire est un nid sacré où Dieu le couve sous
ses ailes. Dieu lui parle dans ce silence, Dieu
le purifie, Dieu l'illumine. Il le nourrit du
pain de la vérité qui est la doctrine ; il le fait
boire aux sources vives de la sainteté, qui
sont les sacrements ; il lui fait expliquer
« cette loi, dont la méditation, dit David,
« donne, même aux enfants, une sagesse
« supérieure à celle des vieillards. » En même
temps, il l'initie : « des ascensions sont dis-
« posées, » qu'il franchira toutes et qui, avec
cette lenteur d'où vient la sûreté, l'élève-
ront régulièrement aux fonctions les plus
saintes (1). »

Ce que M. l'abbé Hareux fut pendant les
quatre années de son noviciat sacerdotal, ses
anciens directeurs et ses anciens condisciples
pourraient le dire. Nous sommes certain de
n'être pas démenti en affirmant qu'on admira
toujours en lui un modèle de régularité,

(1) Mgr GAY, Sermon sur le sacerdoce.

d'application, de piété et de ferveur. Il était pour tout le Séminaire un sujet d'édification par sa ponctualité, son recueillement dans les exercices de piété, son grand esprit de religion, sa douce gravité. Sa rectitude de jugement, son aménité de caractère, sa bonté, lui conciliaient l'estime et l'affection universelles. L'atmosphère du Séminaire, plus élevée, plus ouverte vers le ciel, répondait à toutes ses aspirations. Nul ne connaissait mieux le prix du temps, nul n'était plus attentif à « ne laisser perdre aucune parcelle du don divin. » Les sciences sacrées, la sainte Ecriture, la théologie, l'histoire de l'Eglise, la liturgie, avaient pour son âme le plus vif attrait. Tout en développant et en ornant son intelligence, elles offraient à son cœur, à sa piété, un aliment savoureux et substantiel. Aussi leur a-t-il voué, dès son entrée au Séminaire, un amour, une sorte de passion qu'il leur conserva toute sa vie.

Au Séminaire, l'année scolaire s'ouvre par une retraite. Un écrit de M. l'abbé Hareux nous fait connaître ses dispositions intérieures pendant ces jours de récollection. Cet écrit est intitulé : « Souvenir de ma première retraite au Grand Séminaire d'Amiens, du lundi soir 25 septembre au dimanche matin 8 octobre, fête du Rosaire. » Après le résumé des instructions, viennent les résolutions :

« Je prends la résolution de bien passer cette première année de mon Grand Séminaire, en m'attachant à accomplir la règle avec ponctualité, sans toutefois agir avec scrupule, car mon directeur, M. D***, m'a bien recommandé d'aller avec simplicité et de me reposer sans crainte lorsque ma santé pourra l'exiger, car Dieu aime à être servi avec joie : *Hilarem datorem diligit Deus.* Cette exactitude à remplir les exigences de la règle sera la mortification la plus agréable à Dieu que je puisse pratiquer ; je n'oublierai pas que c'est la fidélité aux petites choses qui conduit aux grandes vertus.

« Je serai chaste comme il convient à un pieux séminariste ; humble à l'exemple de Jésus-Christ, notre divin modèle ; obéissant comme le divin Enfant, qui, tout Dieu qu'il était, se soumettait aux ordres du bon saint Joseph. Dans les ouvrages vulgaires auxquels j'aurai à donner des soins, je penserai à Marie s'occupant des détails du ménage de la sainte Famille. Avant chaque exercice j'élèverai mon âme vers Dieu pour la lui offrir ; de temps en temps, pendant mon travail, je penserai à Notre Seigneur, à sa divine Mère, à saint Joseph, à mon patron, à mon bon ange gardien, et je prononcerai quelques oraisons jaculatoires.

« Dans mes rapports avec mes condisciples, je m'efforcerai d'être prévenant, bon, charitable. Enfin, pour m'entretenir dans la ferveur nécessaire à l'état sublime auquel la divine miséricorde daigne m'appeler, je sanctifierai chaque dimanche par la retraite.

« O Marie ! c'est sous vos auspices que je prends ces résolutions : daignez les rendre efficaces. Délivrez-moi de toute crainte, de toute pensée vaine et inutile ; faites-moi reposer dans le calme et la paix du Seigneur, à l'abri des orages que l'ennemi voudrait susciter contre moi. Et qu'un jour, après un séminaire passé dans la piété, je puisse, oint du Seigneur, consacrer en votre honneur et en reconnaissance de vos bienfaits pour moi, le corps et le sang de votre divin Fils. Protégez mon bon père, ma bonne mère, mes sœurs tendrement aimées, afin que tous aient un jour le bonheur de me voir ministre du Seigneur. »

Sous un extérieur très réservé, l'abbé Hareux cachait un cœur très sensible, et sa piété filiale ne faisait que croître avec son amour pour Dieu. Environ six semaines après son entrée au Séminaire, il écrivait à son père :

« Mon excellent Père et meilleur Ami,

« Je ne veux pas laisser passer la fête de saint Florent, votre glorieux patron, sans vous exprimer les sentiments tendres et affectueux que j'ai pour vous. Pourquoi ne suis-je plus là, au milieu de vous, à cette fête de famille, auprès d'un père et d'une mère vénérés, de sœurs qui ne cessent de s'ingénier à me procurer tout ce qui peut m'être agréable? Le Seigneur en a disposé autrement. Il saura nous dédommager des sacrifices que nous avons faits pour son amour et pour sa plus grande gloire. Courage donc et confiance ! et célébrons avec la même joie que par le passé la fête d'un père bien-aimé qui n'a cessé d'édifier ses enfants par la pratique de toutes les vertus.

« Ah ! croyez bien, mon excellent père, que vos exemples ont fait sur moi une impression profonde et m'ont donné un bien vif désir de marcher sur vos traces. Je ne sens que trop mon impuissance à vous rendre les bienfaits sans nombre dont je vous suis redevable. Du moins demanderai-je avec ferveur au Seigneur qu'il vous comble en retour de toutes sortes de grâces. Qu'il daigne, ce Dieu si bon, vous accorder encore de longs et heureux jours : j'en ai tant besoin pour mon inexpérience! Qu'il vous console en raffermissant de plus en plus la santé de ma bonne mère. Que mes sœurs continuent à vous entourer de cette vénération et de cette prévenance que j'admire en elles. Et un jour, j'en ai la confiance, nous nous trouverons tous réunis à la grande fête de l'éternité pour ne plus nous séparer jamais. Ce sont les vœux que je dépose aux pieds de Marie, notre bonne Mère, et de saint Florent, votre puissant patron.

« Agréez, père vénéré, les sentiments respectueux d'un fils qui ose se dire le plus tendre et le plus affectionné des fils.

« P. HAREUX.

« Amiens, le 5 novembre 1865. »

Monsieur et madame Hareux se réjouissaient de voir leur fils revêtu des livrées du Seigneur, mais leur tendre sollicitude ne laissait pas de s'inquiéter au sujet d'une santé toujours si frêle. Ils étaient heureux de visiter chaque semaine leur cher séminariste et de s'édifier avec lui dans de pieux entretiens.

Le 1er janvier 1866, l'abbé Hareux confiait à son journal intime ces graves réflexions : « La comparaison que nous faisons de la rapidité du temps et de la brièveté de notre vie avec l'immortalité de Dieu excite en nous un sentiment d'admiration et de stupeur. Nous aussi nous serons un jour éternels *a parte post,* c'est-à-dire que nous ne changerons pas. Cette éternité sera pour nous éternelle de bonheur ou éternelle de malheur, selon ce que nous l'aurons faite. »

Il écrivait quelques jours après : « L'Epiphanie est le pivot autour duquel roule le monde. Depuis l'éternité tout converge vers ce but; la manifestation de Jésus-Christ au monde. C'est le jour du Seigneur, la fête de la foi. Quel bonheur de vivre au Séminaire, éclairé du flambeau de la foi ! Heureux le séminariste fervent qui vit de la foi ! »

Ce séminariste fervent, c'était bien celui qui traçait ces lignes. Le vendredi 25 mai 1855, il reçut la tonsure cléricale des mains de Mgr Boudinet, dans une des salles du palais épiscopal dite « la salle du synode. » Avant de faire ce premier pas dans la cléricature, il avait retrempé son âme dans la retraite. Ici encore ses notes nous disent quels étaient ses sentiments : « Le Séminaire est un cénacle d'où je dois sortir comme les Apôtres, plein du Saint-Esprit et ivre de Jésus-Christ... Le prêtre doit être saint parce qu'il est l'homme de Dieu : *homo Dei.* La sainteté de son ministère demande de lui une sainteté plus grande que celle des anges, une sainteté comparable à celle de Marie. Le prêtre est aussi l'homme du peuple : il doit se dévouer pour les âmes et les sanctifier. Il faut donc que, loin de se contenter d'une vie ordinaire, il s'élève lui-même à une grande sainteté...

Pour parvenir à la sainteté, j'aurai recours à la prière, à laquelle Jésus-Christ a tout promis. »

« *Résolutions de ma retraite de la Trinité* 1866, époque à laquelle j'ai eu le bonheur de me consacrer d'une manière spéciale au Seigneur, par la réception de la Tonsure cléricale :

« 1° Grande confiance en Dieu ;

« 2° Grand esprit de foi dans mes exercices de piété ;

« 3° Soumission entière à la volonté de Dieu, dans les petites comme dans les grandes choses ; car je suis pleinement persuadé que là se trouve le secret de la perfection.

« O mon Dieu, je vous ai offert ces résolutions par les mains de Marie, mon aimable Souveraine. Je vous ai demandé, en vous recevant dans la sainte communion, la grâce de les mettre à exécution. Vous m'exaucerez, n'est-ce pas, mon Dieu ? O Marie ! à qui je me suis recommandé d'une manière toute spéciale pour la réception de la tonsure, vous ferez de moi un saint prêtre, n'est-ce pas, ô tendre Mère, que je n'ai jamais invoquée en vain ? Continuez-moi votre charitable protection et ne permettez pas que j'aie le malheur de tomber dans l'abîme du péché. Priez pour mes bons parents, mes chères sœurs, mes amis, mes supérieurs. Saint Joseph, vous que j'ai souvent invoqué dans les occasions critiques de ma vie et qui m'avez toujours accordé un secours si opportun, demandez à Jésus que je sois un saint. Saint ange gardien, charitable protecteur de mon enfance, veillez toujours sur moi et éloignez de moi les embûches du démon, mon plus cruel ennemi. Mon saint patron, apôtre de la gentilité, demandez pour moi la soif ardente du salut des âmes dont vous étiez dévoré.

« O Saints et Saintes qui êtes maintenant arrivés au port de l'éternelle félicité, jetez les yeux sur un pauvre enfant qui combat encore sur la terre d'exil et obtenez du ciel qu'il soit un saint séminariste et plus tard un saint prêtre. »

A la fin de juin 1866, les vacances rendirent notre fervent séminariste à sa famille. Une terrible épidémie de choléra sévissait alors à Amiens où elle fit un grand nombre de victimes, et le fléau ne cessa qu'après que Mgr Boudinet eut consacré son diocèse au Sacré Cœur de Jésus. Malgré la délicatesse de son tempérament, l'abbé Hareux se fit un bonheur d'aider selon son pouvoir le clergé de la cathédrale dans l'exercice de ses laborieuses fonctions qui n'étaient pas sans péril.

On peut dire que le futur vicaire de Saint-Jacques donna dès lors des preuves d'un admirable dévouement.

Il commença sa seconde année de Séminaire vers la fin de septembre 1866. M. Chevalier, aujourd'hui Assistant de la Congrégation de la Mission, avait succédé à M. Gillot dans la charge de Supérieur du Grand Séminaire d'Amiens. Il est trop délicat de parler des vivants pour que nous puissions nous étendre longuement sur le mérite de ces deux fils de saint Vincent de Paul, tous deux éminents en vertu et en doctrine, mais d'un caractère bien différent. « Le père Gillot, » comme on l'appelait, est un de ces hommes ayant trop de relief, une de ces natures trop saillantes pour qu'on puisse les oublier. D'une originalité de bon aloi; d'une franchise qui ne savait rien dissimuler, il cachait sous une écorce un peu rude un cœur excellent. Il avait le talent de captiver et d'enthousiasmer les jeunes clercs par la puissance de sa parole incisive, chaude, entraînante. Il avait souvent des accents de véritable éloquence, surtout lorsqu'il parlait de l'amour de Dieu, de Jésus-Christ, de l'Eglise et des âmes; ou bien lorsque, pendant les retraites, il commentait les épîtres de saint Paul ou les prières du Pontifical.

Nature plus calme, homme intérieur,

d'une rare distinction et d'une exquise sensibilité, doux et ferme, très érudit, s'exprimant avec une remarquable facilité d'élocution, dans un langage toujours pur, noble, plein de piété et d'onction, M. Chevalier avait tout ce qu'il fallait pour continuer et perfectionner l'œuvre commencée par M. Gillot ; aussi ne lui fallut-il pas beaucoup de temps pour conquérir l'estime, le respect, l'affection et la confiance des séminaristes et du clergé picard.

Le nouveau Supérieur eut vite apprécié le mérite de M. Hareux, qui fut toujours, dans toute l'acception de ce mot, un excellent séminariste, marchant dans la voie modeste de la règle et du devoir.

Veut-on savoir dans quelles dispositions notre cher abbé commença cette seconde année de Séminaire ? Voici comment il épanche son âme à la fin de la retraite de rentrée : « O mon Dieu, mon amour et mon tout, les voilà écoulés ces jours de bénédictions et de grâces, où vous avez été si bon, si généreux et si miséricordieux pour moi ; recevez-en, ô mon Dieu, mes meilleurs remerciements. Je confesse humblement que je ne méritais pas de vous de telles faveurs, mais vous avez bien voulu regarder en pitié ma misère et mon néant ; encore une fois merci...

« O mon Jésus, je vous offre ma bonne volonté... Je veux que mon cœur soit comme une terre bien préparée pour recevoir la rosée céleste... La soumission à votre adorable volonté sera, je l'espère, le principe de ma perfection, car elle m'aidera à pratiquer les vertus dont j'ai le plus grand besoin. Je m'abandonnerai à votre Providence avec un délicieux repos ; j'irai à vous avec cette confiance, cette familiarité, cette joie que vous aimez tant à trouver dans vos serviteurs. Je bannirai de mon cœur toutes ces craintes, ces scrupules qui font injure à votre bonté.

« En me soumettant à votre volonté, je serai délivré de tout souci pour l'avenir ; ne savez-vous pas mieux que moi ce qu'il me faut, et où pourrai-je être mieux que là où vous m'appelez ? Enfin, cette soumission me fera acquérir le ciel. Je n'ai pas le courage de pratiquer de grandes mortifications, mais votre miséricorde me fournit un moyen facile d'y suppléer, en m'envoyant des peines, des contrariétés, une règle à observer. Ce sont là pour moi des moyens précieux de conquérir ma couronne. Aussi, je m'appliquerai à voir en tout votre volonté, à en accomplir toutes les prescriptions, à exécuter fidèlement les recommandations de mes supérieurs. »

Ce programme qu'il se traçait ainsi à lui-

même, l'abbé Hareux le suivit ponctuellement. Pendant tout le temps de son séminaire
il marcha d'un pas égal, ferme et résolu
dans la voie de l'obéissance à ses directeurs
et à sa règle. Quoiqu'il fût d'un tempérament très nerveux et d'un caractère vif, on
remarquait en lui une humeur toujours
égale, ce qui était le fruit de la vertu. Telle
était sa modestie, qu'il évitait tout ce qui
aurait pu le mettre en relief et tourner à sa
louange. Il ne laissait pas d'édifier et de
répandre la bonne odeur de Jésus-Christ.
Ainsi l'humble violette cachée sous le gazon
embaume les airs de son suave parfum.

Le 2 juin 1867, il reçut les ordres mineurs
dans la chapelle des Religieuses de la Sainte-
Famille. Un sermon sur la sainteté sacerdotale produisit sur lui une impression profonde. « Oh ! combien j'ai découvert de
choses à me reprocher et comme j'ai bien vu
tout le chemin qu'il me reste encore à faire
pour arriver à cette sainteté suréminente !
Mais je vais employer le reste de mon séminaire à cette importante affaire et travailler
à ma perfection. »

Voici comment il répand son âme devant
Dieu, la veille même de son ordination : « O
mon Dieu ! je vous remercie de la grâce
insigne de cette retraite. Pourquoi faut-il qu'à
la veille d'une ordination qui doit me faire

avancer de plus près du terme où je tends, je sois encore si imparfait et si misérable?... Je le reconnais, mon Dieu, je n'ai pas retiré de vos grâces tout le profit que je devais... Pourtant, une chose me rassure ; permettez-moi, ô bon Jésus, de vous la dire en toute simplicité. Les Apôtres avaient reçu encore plus de grâces que moi ; pendant trois ans témoins de vos miracles, confidents de vos secrets, comblés de vos faveurs, ils étaient encore faibles et charnels. Mais, après qu'ils eurent passé dix jours dans la retraite en compagnie de Marie et reçu le Saint-Esprit, ils furent transformés et convertirent le monde. Pourquoi, ô mon Dieu, ne feriez-vous pas la même chose pour moi pendant cette retraite passée dans la prière et la méditation, sous le regard et la protection de Marie, ma bonne Mère? Puissent les ordres mineurs, reçus dans ces dispositions, me faire vivre d'une vie nouvelle! O Marie, ma bonne et tendre Mère, ma douce et puissante patronne, vous que j'aime tant! vous le savez, c'est sous votre protection que je mets ces désirs de mon âme. »

Avec quel soin le nouveau minoré s'acquitte de ses nouvelles fonctions! Non content d'étudier les rubriques, il s'applique à en découvrir le sens élevé, et il porte dans les moindres cérémonies de l'Eglise un recueillement, un esprit de religion, une foi pénétrante, qui édifient tous ceux qui en sont témoins. Il s'attache à mourir tout entier à lui-même afin de vivre tout entier pour Dieu, selon le mot de M. Olier, *vivere summè Deo*. La pensée du sacerdoce l'occupe de plus en plus : « O mon Dieu, écrit-il, quelle haute dignité que celle du prêtre catholique ! Elle est supérieure à la dignité royale. Vraiment, mon Jésus, par votre sacerdoce vous élevez votre créature à un degré d'honneur qui dépasse toutes nos conceptions. Et c'est à une dignité si sublime que vous daignez m'appeler ! Qu'avez-vous pu découvrir en moi qui ait pu mériter cette faveur de choix ? Ah ! cette faveur insigne, je la dois à votre pure miséricorde ; soyez-en mille fois béni, ô mon Dieu, et faites-moi la grâce de devenir un prêtre selon votre cœur. »

Après quelques réflexions sur la vocation ecclésiastique, le pieux séminariste ajoute : « Je suivrai en aveugle, Seigneur, celui que vous m'avez donné pour me conduire. Et d'ailleurs qu'aurais-je à craindre ? Marie pourrait-elle permettre que son enfant fasse fausse route ? Oh ! non, cela n'est pas possible, n'est-ce pas, Mère ? Conduisez-moi toujours et je serai dans le bon chemin. »

CHAPITRE IV

Le Sous-Diaconat et le Diaconat.

La céleste Reine du clergé ne pouvait rejeter une prière sortie d'un cœur plein d'amour pour elle. Grâce à sa protection maternelle, la vie de l'abbé Hareux ressembla de plus en plus, pendant les deux dernières années du Séminaire et jusqu'à sa mort, « au sentier du juste, qui, comme une lumière éclatante, progresse et croît jusqu'au jour parfait (1). »

Le journal de ses retraites nous permet de suivre en lui le travail de la grâce, cette habile ouvrière quand elle rencontre un cœur bien disposé. « O mon Dieu et mon tout, écrit-il le soir du 1ᵉʳ octobre 1867, voilà une journée de retraite écoulée. Que de grâces vous m'avez accordées aujourd'hui ! En ai-je bien profité ? Suis-je devenu meilleur ? J'ai encore, hélas ! bien des misères à déplorer, bien des imperfections, bien des

(1) *Prov.* IV, 18.

distractions. Ramenez vers vous, ô mon Dieu, cette imagination vagabonde. Quel objet plus digne que vous mérite de m'occuper? Ne possédez-vous pas éminemment toutes les perfections? N'êtes-vous pas seul capable de satisfaire toutes les aspirations de mon cœur? Aussi, mon Dieu, je ne veux plus m'occuper que de vous, je ne veux plus vivre que pour vous. Vous aimer et vous posséder, voilà mon seul et unique désir. Convertissez-moi, changez-moi; je vous le demande par l'intercession toute-puissante de votre très sainte mère, qui est aussi la mienne. Faites que je passe saintement cette année si importante de mon sous-diaconat, puisqu'il s'agit de fixer mon sort pour toujours.

« Je suis porté à me troubler et à me tourmenter outre mesure; je veux y aller simplement et bonnement avec vous, ô mon Dieu, et remettre entre vos mains et en celles de Marie, ma tendre mère, ma personne et mon avenir. Ne permettez pas que votre enfant se trompe dans une affaire si grave que celle de sa vocation. »

Notre fervent séminariste écrit encore : « J'éprouve un très vif désir de profiter des grâces de la retraite et j'en bénis le bon Dieu. La méditation sur le péché véniel m'a rempli d'une grande horreur pour les fautes même les plus légères.

« Pour me rendre favorable le jugement
que j'aurai à subir à l'heure de ma mort, j'ai
résolu de pratiquer la pénitence. Elle con-
sistera surtout pour moi dans la patience
que je mettrai à supporter les contrariétés et
les ennuis inhérents à ma position, et dans
une soumission absolue à la volonté de
Dieu... Je ferai avec le plus grand soin la préparation à la sainte communion et l'action
de grâces. Le moment où l'on possède Dieu
est si précieux ! Je veux que ma vie soit une
vie d'union à Jésus au Saint Sacrement de
l'autel. O Marie, ma mère et mon modèle,
faites que mon désir devienne une réalité. »

Voici comment le pieux lévite épanche
son âme le jour de la clôture de la retraite :
« O mon Dieu, les voici finis, ces jours de
bénédiction et de salut. Merci mille fois
pour tant de grâces. Bénissez ma bonne
volonté, mes efforts, les saintes résolutions
que vous m'avez inspirées. Faites de moi un
saint prêtre qui convertisse beaucoup
d'âmes. Je ne cesserai de prier pour cela ; je
le demanderai à Marie, à qui, après Dieu, je
dois tout ce que j'ai ; à Marie à qui j'ai été
tant de fois consacré ; à Marie que j'ai
chargée depuis longtemps de décider ma
vocation. Je le demanderai à saint Joseph
que j'aime aussi beaucoup et à qui je dois
des grâces nombreuses ; je le demanderai à

mon ange gardien et à mon saint patron.

« Je veux m'apprendre à faire des sacrifices ; je me rappellerai cette résolution dans mes prières et mes communions. »

Ceux qui ont eu, comme nous, l'avantage de connaître dès cette époque M. l'abbé Hareux, savent combien il fut fidèle aux engagements qu'on vient de lire, ce séminariste modèle qui, sous une enveloppe frêle et délicate, sous un extérieur très réservé, cachait une volonté énergique et un cœur généreux.

« Le clerc, victime mystique présentée à Dieu dans la cérémonie de la tonsure, préparée par la réception des ordres mineurs, subit enfin, en recevant les ordres sacrés, l'immolation qu'il avait en perspective, et à laquelle il s'est soumis.

« Le coup porté à la victime par le sacrificateur produisait deux effets : d'une part, en lui ôtant la vie, il la séparait, et détruisait les liens qui l'unissaient aux créatures ; de l'autre, et par cette séparation même, il la faisait entrer dans le domaine de Dieu, et la lui consacrait irrévocablement.

« Tel est le double effet qui se produit dans le sous-diacre, au moment où il reçoit l'ordre sacré. C'est ce que lui exprime nettement l'évêque au moment de l'ordonner : *Castitatem, Deo juvante, servare oportebit,* voilà la séparation et la mort au monde; *atque in Ecclesiæ ministerio semper esse mancipatum*, voilà la consécration à Dieu et à son divin service. Double engagement, irrévocable et sans retour, que contracte le sous-diacre, et par lequel s'accomplit en lui l'immolation de la victime (1). »

Avec quel soin et quelle ferveur l'abbé Hareux se prépara à ce grand acte, à cette généreuse et totale immolation, on pourrait en juger déjà par ce qui précède; mais, ici encore, on aimera à l'entendre parler lui-même.

« Mon Dieu, mettez-moi dans les dispositions qu'exige de moi le sous-diaconat. L'Eglise va devenir ma fiancée, faites que je me donne tout entier à elle... C'est par amour pour vous seul que je consens à recevoir cet ordre: ce sera donc un acte d'amour que je ferai, et il vous sera agréable, je le sais... Mon doux Sauveur, je ne veux que votre sainte volonté : si je deviens sous-diacre, c'est que vous l'aurez voulu et que vous m'aurez fait violence. Douce violence! Elle me rendra infiniment agréable un fardeau que vous m'aurez vous-même imposé en me donnant la force de le porter. »

(1) *Méditations à l'usage des élèves des Grands Séminaires*, etc., par L. BRANCHEREAU; 2ᵉ édition, t. IV, pp. 387 et 388.

Ce fut le 6 juin de cette année 1868, dans la cathédrale d'Amiens, que M. Hareux fit le pas décisif et contracta l'engagement solennel qui le dévouait irrévocablement à Dieu et à l'Eglise. « C'est en tremblant que je trace ces lignes, écrivait-il ce jour-là ; je suis encore sous l'impression profonde qu'a produite en moi le grand acte que je viens d'accomplir. C'en est donc fait : je suis à vous sans retour ! Quel bonheur, ô mon Dieu, de vous appartenir ! Conservez-moi toute ma vie dans les sentiments de mon sous-diaconat. Faites que je garde sans tache le beau lis de ma chasteté ; c'est à vous que je la confie, ô Marie, ma mère et ma protectrice ; je ne vous dis que ces seuls mots, mais vous me comprenez.

« Merci, mon Dieu, de tant de grâces reçues pendant cette retraite, et particulièrement en ce beau jour. Faites de moi un prêtre selon votre cœur. Vous savez tout ce que je vous ai demandé ; vous savez quelle ferveur j'ai voulu apporter dans les prières de cette ordination, surtout dans le moment solennel où j'étais prosterné sur le pavé du temple... O Marie, c'est à vous que je dois ma vocation. Merci, mère ! merci aussi à vous, saint Joseph, mon saint ange gardien, mes saints patrons. J'ai pensé pendant mon ordination que les membres défunts de ma famille me regardaient du haut du ciel et priaient pour moi. »

Bientôt après l'ordination, arriva l'époque des vacances. Au sein de sa pieuse famille comme au Séminaire, Paul Hareux répandit la bonne odeur de Jésus-Christ.

Au mois d'octobre suivant, il commençait la dernière année de son noviciat ecclésiastique. Ici encore le journal spirituel, confident de ses pensées les plus intimes, nous permet de lire dans son âme. « A tout prix, je veux devenir un saint. Bénissez ce désir que vous m'inspirez, ô mon Dieu. Après tout, la sainteté n'est pas une chose si difficile : je n'ai qu'à accepter en esprit de pénitence toutes les peines et les afflictions de cette vie, et à vouloir ce que le bon Dieu veut... Je veux bien profiter du temps du séminaire. Hélas ! ce temps si précieux sera bientôt passé pour moi. Encore une année, et il me faudra quitter cet asile de paix et d'innocence pour m'aventurer sur une mer orageuse. O mon Dieu ! que j'ai besoin de forces pour ce voyage difficile où la vertu court de si grands dangers !

« Je vais m'efforcer d'acquérir les vertus qui font les bons prêtres : la chasteté, cette perle si précieuse de la couronne sacerdotale, l'humilité, l'obéissance, le détachement des créatures, la charité envers le prochain. Ces vertus, je ne cesserai de les demander à Dieu par l'intercession de Marie, ma douce et toute bonne protectrice, de saint Joseph, le patron des âmes intérieures, de mon saint ange gardien, de mon saint patron, de saint François d'Assise, mon séraphique père, de saint François de Sales, qui a su rendre la vertu si douce et si aimable, de saint Jean l'Evangéliste, le disciple de l'amour, de tous les saints Anges et de tous les Saints et Saintes du ciel.

« Lorsque je souffre et que la vie me paraît dure et pénible, je dois me rappeler que toutes peines d'ici-bas ne durent qu'un instant et que si je les supporte avec patience et résignation, j'en serai récompensé pendant toute l'éternité. Oui, pendant toute l'éternité, c'est-à-dire toujours, le Seigneur, si bon et si miséricordieux, me rendra au centuple ce que j'aurai souffert pour lui. Que cette pensée est propre à me consoler et à m'encourager !...

« Arrière les choses du temps : je veux ne m'attacher qu'à celles qui ne passent pas ; je veux, coûte que coûte, m'assurer une félicité éternelle. Ce qui arrête ma marche vers le ciel, c'est que je ne pense pas assez à ce beau ciel ; je veux désormais y penser tous les jours à l'oraison, à la sainte messe, quand j'éprouverai quelque ennui et quelque difficulté. Oh ! le ciel ! qui pourra dire ce que c'est ! c'est là que je verrai Dieu face à face dans sa gloire ; c'est là que je verrai Marie, ma mère ; là que je verrai les Saints que j'aime tant à invoquer ! là aussi que je verrai ces parents que j'ai aimés sur la terre... O Ciel ! que je te désire ! »

Le lundi 17 mai 1869, M. l'abbé Hareux commençait, sous la protection de Notre-Dame du Sacré-Cœur, sa retraite du diaconat. Il reçut cet ordre le samedi suivant 22 mai, des mains de Mgr Boudinet, dans la chapelle des Catéchismes de la cathédrale.

Rien ne pourrait mieux nous donner une idée de ses dispositions que les lignes suivantes, trouvées dans ses notes. « O Notre-Dame du Sacré-Cœur, priez pour moi ! Me voici encore en retraite pour recevoir une nouvelle ordination : celle du diaconat, qui doit me rapprocher si près du sacerdoce, but constant de mes efforts... O mon Dieu, je veux être à vous *tout entier et sans réserve*; je veux me dévouer tout entier à votre gloire et au salut des âmes. Je veux m'oublier moi-même et mourir à moi-même, ne plus penser qu'à vous et ne plus vivre que pour vous...

« O Marie, vous êtes ma mère, prenez soin de votre enfant. Je me confie en vous, je me remets entre vos mains pour l'âme et pour le corps. O mère toute aimante, ô Notre-Dame du Sacré-Cœur, je vous en supplie, rendez-moi la santé, si tel est le bon plaisir de votre divin Fils. Si vous me guérissez, je ne saurai que faire pour vous témoigner ma vive et éternelle reconnaissance. Je me plairai à publier votre bonté et votre puissance ; j'exhorterai les âmes dont je serai chargé à recourir à vous ; j'emploierai la santé que vous m'aurez rendue à procurer votre gloire et celle de votre divin Fils. Mère, mère, votre petit enfant vous appelle, venez vite à son secours. »

Et un peu plus loin le pieux ordinand offre à Dieu ses souffrances pour obtenir la grâce de bien recevoir le diaconat. Après avoir prié sa céleste mère d'éloigner de ses lèvres le calice d'amertume, il fait entendre le *Fiat* de la résignation. Ses inquiétudes au sujet de sa mauvaise santé, il se les reproche comme une injure à la bonté et à la providence du Père céleste. « . . . O mon Dieu, désormais je veux me jeter dans le sein de votre divine Providence, avec tout ce qui pourrait me tourmenter. Vous ferez de moi ce qui vous plaira, car ce sera toujours pour mon bien. Merci des souffrances que vous m'envoyez ; faites-les servir au salut de mon âme et acceptez-les comme ma préparation à mon diaconat.

La veille du grand jour, il trace encore ces lignes : « O mon Dieu, est-il possible que demain je doive être élevé à l'éminente dignité de diacre ! Un diacre, c'est presque un prêtre : il prêche comme le prêtre, il baptise comme le prêtre, il distribue l'Eucharistie comme le prêtre. Il n'y a qu'une chose qu'il ne fait pas comme le prêtre : c'est de consacrer le corps et le sang de Notre-Seigneur et d'absoudre les péchés. Qu'ai-je fait, Seigneur, pour mériter une pareille dignité ? Mais votre grande miséricorde vous fait oublier ma bassesse et ma misère. »

CHAPITRE V

Celui qu'il a marqué d'un signe mystérieux pour en faire son ministre, « Dieu, dès le début, le couronne pour lui apprendre qu'appelé à régner, il doit se faire des mœurs royales et régner avant tout sur lui-même. Puis, ce sont, chaque fois, des pouvoirs plus étendus, des vêtements nouveaux et plus riches, symbole des surcroîts de vertus qui doivent marquer tous ces progrès.

« Parvenu au milieu de cette carrière divine, ce noble et doux jeune homme prend la chasteté pour épouse ; et, aussitôt, comme si ce vœu achevait de le purifier, ses lèvres sont jugées dignes de prier au nom de tous et de chanter officiellement les louanges de Dieu. Bientôt il peut prêcher ; il peut offrir, avec le prêtre, le don céleste. Enfin, le jour arrive où l'Eglise tout entière, jeûnant et priant pour lui d'un bout du monde à l'autre, le lévite est fait prêtre (1). »

(1) Mgr Gay, Sermon sur le sacerdoce.

Ce jour que l'abbé Hareux appelait de ses vœux les plus ardents et où il allait être consacré tout entier, au dehors et au dedans, l'Esprit-Saint oignant son âme pendant que les huiles saintes oindraient ses mains, cet heureux jour brilla enfin. Ce fut le 7 novembre 1869 qu'il fut consacré prêtre pour l'éternité. L'ordination de Noël fut avancée de quelques semaines, parce que l'évêque d'Amiens, Mgr Boudinet, devait se rendre à Rome pour l'ouverture du concile du Vatican. Ce pieux évêque se plaisait à appeler les prêtres de cette ordination « les prêtres du Concile. » Ce titre, nul ne le méritait mieux que M. l'abbé Hareux, qui portait si haut l'amour de l'Eglise, le dévouement au Saint-Siège et au Vicaire infaillible de Jésus-Christ. On lira plus loin le récit de son pèlerinage à Rome et aux principaux sanctuaires d'Italie. Disons tout de suite qu'il sentit un douloureux serrement de cœur lorsqu'il apprit que la ville des Papes était tombée au pouvoir de la Révolution triomphante.

On devine avec quel sentiment de religion et de ferveur notre pieux ordinand reçut l'onction sacerdotale. Quelle joie pour lui et pour les siens ! Quelles émotions pour son cœur, pour le cœur de son père, de sa mère et de ses sœurs ! La santé du cher Paul avait inspiré tant d'inquiétudes à ses bien-aimés parents! Ils avaient tant prié pour lui! Que de douces larmes coulèrent de leurs yeux lorsqu'ils le virent, paré comme une victime pour le sacrifice, se prosterner sur le pavé du temple et se relever ensuite prêtre, prêtre du Seigneur pour toujours! Par une de ces heureuses coïncidences que l'aimable providence du bon Dieu se plaît à ménager pour le plaisir de ses amis, la date du 7 novembre, jour de l'ordination, ramenait la fête de M. Florent Hareux, le père du nouveau prêtre, le chef de cette famille aux mœurs patriarcales.

Le lendemain, 8 novembre, celui que nous pourrions appeler « le prêtre de Marie, » tellement il aimait cette céleste Mère, célébra sa première messe à la chapelle de la Sainte Vierge, dans la cathédrale d'Amiens, ce temple incomparable qui est, on le sait, le trône le plus magnifique que Notre-Dame possède sur la terre. M. le curé de la cathédrale assistait à l'autel le nouveau sacrificateur, et une nombreuse assistance, composée de parents et d'amis, formait autour de lui une couronne vivante. Ecoutons un témoin de cette touchante cérémonie : « Lorsque Madame Hareux vit son cher fils revêtu des ornements sacrés monter pour la première fois au saint autel pour y immoler la divine victime, quelle félicité pour son cœur maternel ! Je la vois encore arroser de ses larmes la table eucharistique où elle se présentait, accompagnée de son digne époux et de ses trois filles qui partageaient son émotion. Non, il n'y avait plus là rien de la terre ; c'était le ciel avec ses délices (1). »

L'abbé Hareux, assisté du R. P. Grandidier, S. J., dit sa seconde messe dans la chapelle du collège de la Providence, où il avait fait sa première communion. Dieu sait ce qui se passa alors dans l'âme de son ministre. Ce que nous pouvons affirmer, c'est qu'il parut très ému, et que cette cérémonie produisit une émotion profonde sur tous les élèves. Le jeune prêtre de Jésus-Christ monta pour la troisième fois à l'autel du sacrifice dans la chapelle des religieuses de la Visitation. Les fonctions de prêtre assistant furent alors remplies par un ecclésiastique distingué autant que modeste, ami de la famille : M. l'abbé Grognet, ancien élève de Mgr Dupanloup et actuellement curé de Boury (Oise).

On connaît l'esprit de l'Eglise. « Elle permet qu'après l'ordination d'un nouveau prêtre, il se fasse comme un banquet nuptial. Elle assemble volontiers les parents

____

(1) M. l'abbé Grognet, curé de Boury, diocèse de Beauvais.

autour de l'autel où leur fils monte pour la première fois ; et quand l'oint du Seigneur en descend, suivi d'invisibles légions qui adorent, elle ne lui défend pas d'épancher sa joie dans le sein d'une mère (1). »

Le bon abbé Hareux et les siens goûtèrent ces consolations. A la réunion de famille qui eut lieu le jour de le première messe, on vit de nombreux amis s'asseoir, à côté des parents, à la table commune. Comme dans les agapes des premiers chrétiens, il n'y avait qu'un cœur et qu'une âme. La charité et la paix régnaient dans cette pieuse assemblée ; autour du nouvel élu du Seigneur tout le monde était dans la joie.

Mais les joies de la terre, si pures qu'elles soient, sont courtes et souvent suivies de tristesses. Quatre mois après l'ordination, la mort visitait ce foyer naguère si joyeux ; après une maladie qui n'avait duré que quatre jours, elle ravissait à l'affection des siens Mademoiselle Blanche Hareux, âgée de vingt-trois ans et dix mois.

A un grand amour pour Dieu, cette pieuse et innocente jeune fille unissait une tendre dévotion envers la Sainte Vierge et son chaste époux. Elle les invoquait tous les

(1) Dom PITRA, *Vie du V. Libermann*, liv. iv, ch. i, p. 413 de la 2e édition.

jours pour connaître sa vocation. Le 1er janvier 1870, elle disait : « Il ne s'agit pas d'occuper une position honorable selon le monde, mais d'embrasser l'état où Dieu nous veut, à cause des grâces qu'il nous y tient en réserve. J'ai demandé au bon Dieu de ne pas passer cette année sans connaître et accomplir sa volonté au sujet de ma vocation. » Le mercredi 9 mars, saint Joseph, qu'elle priait tous les jours avec une grande ferveur, dans le but de connaître et de suivre sa vocation, lui apporta la réponse : sa vocation était d'aller au ciel.

Ame pure et candide, Mademoiselle Blanche réalisait la signification de son nom. Elle avait une dévotion toute particulière au saint Enfant Jésus et aimait à s'entretenir avec lui avec une grande simplicité. Le 8 mars, veille de sa mort, sentant son mal s'aggraver, elle se confessa. On l'entendit ensuite prononcer ces mots : « Mon petit Jésus, n'est-ce pas que vous guérirez votre petite Blanche? » La nuit suivante, comme elle ne pouvait reposer à cause de la fièvre, elle chanta un couplet du cantique : *Au secours, Vierge Marie, hâte-toi, viens sauver mes jours.*

Puis elle ajouta : « Mon petit Jésus, calmez votre petite Blanche. » Vers six heures du matin, elle reçut l'extrême-onction ; un doux sourire effleura ses lèvres, et son âme s'envola comme une blanche colombe dans le sein de son « petit Jésus. »

Cette mort si prompte fut un grand deuil pour la famille. L'abbé Hareux sentit vivement cette épreuve, mais il la supporta en chrétien et en prêtre. Il fut alors, comme en d'autres circonstances affligeantes, l'ange consolateur de sa famille. Sa foi et sa confiance en Dieu lui inspirèrent des paroles propres à relever le courage abattu, à réconforter le cœur brisé de son père, de sa mère et de ses sœurs.

Cependant la profonde douleur qu'il éprouva et les efforts qu'il fit pour la dominer, ébranlèrent fortement sa santé. Ce fut pour ses parents un nouveau sujet d'inquiétudes. Madame Hareux fit une neuvaine à Notre-Dame du Sacré-Cœur, l'avocate des causes difficiles, dont la confrérie est établie à Amiens, dans la chapelle des religieuses du Bon-Pasteur. Tous les jours la pieuse mère, accompagnée de ses enfants, se rendait au dévot sanctuaire, et là, agenouillée devant la statue vénérée, elle suppliait la Vierge puissante sur le cœur de Jésus de guérir celui qui lui causait tant de soucis. Marie se laissa toucher : le fils de tant de prières sentit bientôt son mal diminuer et ses forces revenir. Un billet trouvé dans les papiers de famille, porte ces mots : « Reconnaissance à Notre-Dame du

Sacré-Cœur pour la protection et la guérison accordées à l'abbé Paul Hareux. »

Mgr Boudinet témoignait à ce jeune prêtre l'intérêt le plus affectueux. Il voulut, avant de lui confier un poste, qu'il se reposât quelque temps dans sa famille et qu'il affermît sa santé délicate, fatiguée par les études du séminaire. Ce repos, bien que nécessaire, était pénible pour un cœur dévoré de zèle comme l'était M. Hareux. Aussi, grande fut sa joie lorsque, au mois d'octobre 1870, il fut nommé prêtre habitué à la cathédrale. Sans doute sa pieuse sœur que nous venons de voir partir pour le ciel, lui avait obtenu cette faveur. Sa santé s'améliorait de jour en jour et il allait pouvoir se livrer au ministère des âmes. A cause de son état nerveux, il lui était difficile de rester longtemps debout ; il remplissait néanmoins volontiers les fonctions de diacre et de sous-diacre, s'efforçant de dominer par son énergie de volonté les vertiges qu'il éprouvait.

Heureux de rendre service et d'être utile aux âmes, il ne refusait jamais une invitation à prêcher. Humble, modeste, ennemi de la recherche et de l'affectation, il n'avait en vue que la gloire de Dieu et le bien de ses frères. Combien il était éloigné de ces prédicateurs amis de la recherche, des périodes pompeuses, et que saint Liguori compare « aux feux d'artifice qui, tant qu'ils durent, jettent un grand éclat, mais qui ne laissent après eux qu'un peu de fumée et de papier brûlé ! » Il aurait pu dire, avec saint Augustin : « Nous ne venons pas avec une voix tonnante et des discours emphatiques, ni avec une éloquence fardée de phrases profanes, mais nous prêchons le Christ mort sur la croix. » Au reste, il avait appris de saint Paul, son patron, que le prêtre ne doit pas se prêcher lui-même, mais prêcher Jésus-Christ crucifié. Aussi préférait-il le solide au brillant. Ses sermons se distinguaient par une noble simplicité, un grand sens pratique, une douce piété et une pénétrante onction. Ce n'était pas un de ces orateurs dont la voix puissante, dont l'action véhémente subjugue et soulève les foules ; mais il possédait l'éloquence que donne la sainteté. On l'écoutait toujours avec plaisir, mais surtout avec profit, et plus d'une fois l'impression du public se traduisit par ces mots : « Comme ce prêtre parle bien du bon Dieu ! »

Les mystères de la vie de la Sainte Vierge, ses joies et ses douleurs, ses vertus et ses gloires, sa bonté et sa miséricorde furent souvent le sujet de ses instructions. N'était-il pas son serviteur tout dévoué et son fils très aimant ? Ce fut à cette tendre Mère qu'il consacra les trois premiers sermons qu'il prêcha à la cathédrale, aux mois d'avril et de mai 1871? Pourquoi faut-il que le cadre de cette notice ne nous permette pas de citer ici des extraits de ces pages imprégnées du parfum de la piété la plus suave? Cette même année, l'abbé Hareux prêcha à la cathédrale le mystère de la Pentecôte. Peu après, il adressa aux enfants de la première communion, réunis pour la retraite dans la chapelle des catéchismes, une remarquable instruction sur ce texte : *Dieu a daigné choisir entre les autres mon fils Salomon, quoiqu'il soit jeune et délicat et que l'entreprise soit importante, puisqu'il s'agit de préparer une demeure non pas pour un homme, mais pour Dieu lui-même* (I. Paralip., xxix).

Le 21 juin suivant, c'est dans la chapelle de la maison-mère des religieuses de Louvencourt que nous rencontrons le bon M. Hareux. Il y prêche le panégyrique de saint Louis de Gonzague et propose aux hommages et à l'imitation des élèves du pensionnat cet aimable modèle de pureté et d'innocence. En racontant, avec beaucoup de charme et d'onction, la vie angélique du jeune saint, il entremêle son récit de réflexions morales : « Mes chères enfants, à l'exemple de saint Louis de Gonzague, laissez là les futilités de ce monde, donnez-vous entièrement à Dieu et vous trouverez beaucoup plus que vous aurez quitté... Pour vivre de la vie de l'esprit, de la vie de la foi, il faut, par la mortification, mourir à soi-même, à ses sens, à ses convoitises ; mais cette mort recèle la vie. »

Le pieux panégyriste parle ensuite des austérités de son héros et des grâces éminentes qu'elles lui obtinrent, de son oraison sublime, de son union à Dieu, de son amour pour Notre-Seigneur au Très Saint Sacrement ; puis il ajoute : « O mes chères enfants, aimez, comme ce jeune saint, la sainte Eucharistie, ce divin aliment, cette manne cachée, douce et fortifiante, qui soutiendra vos forces pendant le pèlerinage de cette vie. Venez vous désaltérer à cette source vive ; venez vous nourrir de cette chair divine qui vous sanctifiera. Que vos plus chères délices soient aussi de visiter l'hôte divin que son amour retient prisonnier dans son tabernacle ; venez le consoler de l'abandon où le laissent la plupart des hommes. »

Quelques semaines plus tard, une nouvelle épreuve extrêmement douloureuse atteignit notre cher abbé et sa famille. Il y avait quelque temps déjà que Madame Hareux était souffrante lorsque, au mois de juillet, une crise violente mit ses jours en danger. D'après le désir de son confesseur, elle reçut le saint Viatique et l'extrême-onction des mains de son fils. Refoulant ses larmes et s'efforçant de dominer son émotion, l'abbé Hareux adressa à son excellente mère, qui souffrait beaucoup, quelques paroles de consolation et d'encouragement. Celle-ci ayant répondu qu'elle espérait en la miséricorde de Dieu, l'abbé répliqua : « Elle est immense. »

Madame Hareux entra ensuite dans une douce agonie où l'on sentait son union avec Dieu, raconte un témoin. Au bout de deux jours, le 31 juillet, fête de saint Ignace de Loyola, elle rendit sa belle âme à Dieu. On a vu, au commencement de cette notice, ce que fut cette admirable femme, digne d'être proposée pour modèle aux épouses et aux mères chrétiennes. Il n'y a donc pas lieu de s'étonner que, dans sa livraison d'octobre 1871, la *Revue franciscaine*, publiée à Bordeaux, lui ait consacré un article nécrologique que nos lecteurs nous sauront sans doute gré de reproduire ici.

Madame Hareux (Sœur Adèle), décédée à Amiens le 31 juillet 1871, à l'âge de soixante-sept ans, après trois mois de profession.

« Cette excellente tertiaire est au-dessus de tout éloge. Ceux qui l'ont connue et dirigée peuvent rendre témoignage de la grandeur de sa foi, de son ardent amour pour Dieu, de sa compatissante charité envers les pauvres, de sa profonde horreur pour le péché. Quelle belle, quelle noble simplicité dans toute sa conduite ! Appartenant à l'une des plus recommandables familles de la ville d'Amiens par les convictions religieuses et par la noblesse des sentiments, Madame Hareux passa toute sa vie dans la pratique de la vraie piété. Dès qu'elle eut connu le Tiers-Ordre, elle voulut entrer dans la famille séraphique qui compte tant de protecteurs au ciel et tant de saintes âmes sur la terre. Jésus au saint tabernacle faisait toutes ses délices, et nous espérons que du lieu de son exil cette digne fille de saint François est allée contempler, face à face et sans voile, son Dieu dans la terre des vivants. »

La mort de cette digne mère tant aimée fut, on le comprend, un coup on ne peut plus sensible au cœur de l'abbé Hareux. Mais, cette fois encore, il fut courageux et fort dans le sacrifice. Il montra aux siens comment nous devons accepter les épreuves que Dieu nous envoie, si cruelles qu'elles puissent être pour la nature.

CHAPITRE VI

L'Abbé Harlux est nommé Aumônier de l'Orphelinat
de Saint-Acheul

Le nom des Dames de Louvencourt s'est
déjà rencontré sous notre plume dans cette
notice. C'est ainsi qu'on désigne communé-
ment les religieuses des Saints-Cœurs de
Jésus et de Marie, établies principalement
dans la ville et le diocèse d'Amiens. Cette
dénomination leur vient de leur fondatrice,
Mademoiselle de Louvencourt, morte en
odeur de sainteté vers la fin du siècle dernier. Cette admirable femme, qui pratiqua
la vertu jusqu'à l'héroïsme, n'est pas la
moindre d'entre les gloires religieuses de
notre diocèse, et c'est à elle qu'Amiens est
redevable de l'institution de l'Adoration perpétuelle du jour et de la nuit. Héritières de
son zèle pour le salut des âmes et de sa charité envers les pauvres, en même temps que
de son amour pour Jésus dans l'Eucharistie,
ses filles spirituelles dirigent, au centre
d'Amiens, un pensionnat florissant et, à une

demi-lieue de la cité, à Saint-Acheul-lès-
Amiens, un orphelinat de jeunes filles.

L'abbé Hareux fut nommé aumônier de
ce dernier établissement, au mois de janvier
1872. Il succédait à un prêtre d'un grand
mérite et d'une rare modestie : M. l'abbé
Daveluy, actuellement chanoine titulaire et
archiprêtre de la cathédrale d'Amiens. Ce
digne frère de Mgr Daveluy, évêque d'Acône
et martyrisé en Corée pour la foi, venait
d'être appelé par l'administration diocésaine
à la cure de Saint-Germain. Son départ causait à sa chère famille de Louvencourt de
légitimes et inexprimables regrets. L'arrivée
de M. Hareux fut une consolation. Aussi
bien il eût été difficile de faire un meilleur
choix. Qualités de l'esprit et du cœur, tact,
prudence, esprit de régularité, bonté inépuisable, dévouement à toute épreuve, piété
angélique : le nouvel aumônier avait, comme
son prédécesseur, toutes les qualités requises
pour les délicates fonctions qu'il devait remplir pendant la première moitié de sa vie
sacerdotale.

Au reste, il était là dans son élément. Ami
de la retraite et de la vie cachée, brûlant de
zèle pour les âmes, attiré de préférence par
la pente de son cœur vers le pauvre, l'enfant
et l'orphelin, il lui était facile de s'identifier
avec l'esprit de l'Institut des religieuses de

Louvencourt. Nous sera-t-il permis d'ajouter que le cadre dans lequel il se trouvait placé et où allait se déployer son action, était en parfaite harmonie avec ses goûts et ses attraits ? Lui, pieusement épris de nos traditions locales et de nos illustrations religieuses, comment ne se serait-il pas estimé heureux d'habiter une terre consacrée par de glorieux souvenirs et foulée par des saints ! Le tombeau de saint Firmin le Martyr, premier évêque d'Amiens ; l'antique abbaye de Saint-Acheul ; le florissant collège des Pères Jésuites, si célèbre dans toute l'Europe ; le séjour du vénérable P. Libermann et le berceau de la Congrégation des Pères du Saint-Esprit : tout un passé vénérable se dressait là devant les yeux du pieux et savant aumônier, dont la modeste demeure s'élevait à l'ombre de l'église paroissiale, centre d'une confrérie de Notre-Dame des Sept-Douleurs. Il pouvait vénérer, à quelques pas de chez lui, la sépulture de saint Firmin, le caveau où l'apôtre de la Picardie reposa depuis son martyre jusqu'à sa translation solennelle dans la cité éclairée par sa parole et arrosée de son sang (1). N'oublions pas de mention-

(1) On sait que sur ce tombeau glorieux, centre de la vie chrétienne dans notre province, s'éleva la première cathédrale de notre diocèse. C'est là aussi que fut fondée

ner le dévot sanctuaire de saint Joseph, alors desservi par les Révérends Pères Jésuites et si fréquenté des personnes pieuses de la ville d'Amiens et des environs.

C'était aussi une consolation pour le cœur de l'abbé Hareux de n'être pas éloigné de sa famille qui avait tant besoin de son appui; de se trouver dans le voisinage de la résidence des Révérends Pères Jésuites, du Séminaire et du couvent des Révérends Pères Franciscains, avec lesquels il entretint toujours les meilleures relations.

Tout le bien que le nouvel aumônier fit à l'orphelinat des religieuses de Louvencourt pendant les dix années qu'il remplit cette fonction, Dieu seul le sait, et le récit que nous allons essayer d'en retracer sera nécessairement fort incomplet.

Dès les premiers jours il se dévoua tout entier, sans réserve, au bien de son petit troupeau si particulièrement digne d'intérêt. Dès les premiers jours aussi il se montra ce

la célèbre abbaye de Saint-Acheul, qui a trouvé un historien digne d'elle en la personne de M. J. Roux, avocat à la Cour d'Appel d'Amiens et membre de la Société des Antiquaires de Picardie. L'église de Saint-Acheul remplace la basilique des martyrs, qui abrita longtemps les reliques de saint Firmin. C'est la première étape où les évêques d'Amiens, avant de faire leur entrée dans la ville épiscopale, vont demander lumière, force et courage pour leur ministère pastoral.

7

qu'il avait été depuis son ordination sacerdotale et ce qu'il devait être jusqu'à la fin de
sa vie : *un prêtre fidèle, marchant toujours
devant Dieu et agissant selon son cœur* (1).
Oui, prêtre fidèle, M. Hareux le fut dans
tout l'acception de ce mot : fidèle à Dieu et
à la grâce, fidèle à tous ses devoirs, fidèle à
ses exercices et à son règlement.

Sa vie sagement ordonnée ressemblait à
celle d'un religieux. Le lever, l'oraison, le
bréviaire, l'étude, la visite au Saint Sacrement, le chapelet, la lecture spirituelle,
l'examen de conscience, le coucher, chaque
chose avait son heure marquée. Tous les
samedis, à onze heures, on était sûr de le
voir arriver au Séminaire pour se confesser.
Cette exactitude, qui ne se démentit jamais
pendant vingt-trois ans, faisait l'édification
des séminaristes.

La ponctualité et le soin avec lesquels il
s'acquittait de chacune de ses fonctions, son
attitude à la chapelle, sa ferveur à l'autel,
étaient une continuelle prédication. Il n'y
eut jamais qu'une voix pour louer sa piété,
sa modestie, sa patience, son zèle pour le
salut des âmes. On lira avec édification les
détails qui suivent. Nous les devons à l'obligeance des religieuses de Louvencourt :

(1) I Reg., II, 35.

« L'amour que notre saint aumônier avait pour Dieu se traduisait par sa piété angélique. A l'autel, il semblait un saint Louis de Gonzague. Son grand esprit de religion lui faisait observer scrupuleusement toutes les rubriques. Nous étions édifiées de le voir accomplir avec un soin pieux et une foi vive toutes les cérémonies sacrées, particulièrement pendant la Semaine Sainte.

« Son cœur s'attendrissait sur les malheurs de l'Eglise dont il était le fils aimant et dévoué, et il en exprimait sa peine en termes émus. Profondément affligé à la pensée des écoles sans Dieu, il portait le plus vif intérêt aux écoles libres pour lesquelles il donnait largement. »

Il semblait avoir pris pour devise cette parole du psaume ix : « *Orphano tu eris adjutor :* Vous serez l'appui de l'orphelin. » Sa conduite était un vivant commentaire de ce texte sacré. Les orphelines de la maison de Louvencourt trouvaient dans leur aumônier le dévouement d'un père. Elles étaient le principal objet de son zèle. Il ne négligeait rien pour les exciter à la piété et les faire avancer dans la vertu. C'était pour son cœur une joie de présider leurs réunions de congrégation, particulièrement celle des Enfants de Marie. Il était heureux de voir leur nombre s'augmenter et leur ferveur s'accroître.

Avec quelle douce et pénétrante onction il leur parlait de Marie, cette céleste Mère qu'il aimait tant! Comme ses pieuses allocutions faisaient du bien à ce cher petit monde! Combien de vocations religieuses dont elles ont été la première semence! Au sortir de ces pieuses réunions, en prenant de l'eau bénite, l'abbé Hareux glissait discrètement son offrande dans le tronc destiné à recevoir les aumônes pour la décoration de l'autel de la Sainte Vierge.

Dans ses instructions de chaque semaine il savait stimuler l'ardeur des élèves dont il tenait à récompenser lui-même l'application et les efforts. Il faisait volontiers les frais considérables des beaux livres destinés aux prix d'instruction religieuse. « Son zèle pour la beauté de la maison de Dieu lui inspirait de grandes largesses en faveur de notre modeste chapelle. Tout ce qu'elle possède de plus riche vient de lui. Jamais on ne ·lui adressait aucune demande; il voyait lui-même ce qui manquait et le donnait. Il trouvait cela tout simple et n'aimait point qu'on lui en parlât; sa main gauche ignorait le bien que faisait sa main droite. Son mérite éminent était rehaussé par une rare modestie : quand il se trouvait avec des confrères, sa manière d'être témoignait qu'il se regardait comme le moindre de tous. »

C'était devant le tabernacle, auprès de Jésus présent dans l'adorable sacrement de l'autel, que l'abbé Hareux venait tous les jours reposer son âme, ranimer sa ferveur et se fortifier dans la pratique des vertus que nous admirions en lui. Il savait que rien n'est plus salutaire à l'âme que l'Eucharistie, qu'elle est *le pain de vie et le vin qui fait germer les vierges.* Voilà pourquoi il s'appliqua à mettre la communion fréquente en honneur parmi les élèves et surtout parmi les Enfants de Marie.

Tous les mois, à l'issue des vêpres, se tient à la chapelle la réunion de la Garde d'Honneur du Sacré-Cœur de Jésus. Avant de présider la distribution des billets du mois, le pieux aumônier trouvait toujours dans son âme quelques bonnes paroles à l'adresse des élèves et des religieuses. Pénétré lui-même de la plus ardente dévotion envers le Sacré-Cœur, il communiquait à son petit auditoire la flamme qui le dévorait. Avec quels accents émus il exhortait les gardes du grand Roi du ciel à se rendre fidèlement à leur poste d'honneur et à s'acquitter dignement de leur noble service !

Un jour, entre les vêpres et le salut, éclata un orage épouvantable ; le bon abbé Hareux demanda à une petite Sœur converse — Sœur Sainte-Mélanie — quelle prière il pourrait bien faire pour apaiser la colère de Dieu. « Eh bien ! Monsieur l'Aumônier, répondit la Sœur, il me semble que vous pourriez réciter les Litanies de la Providence. » Avec son humilité ordinaire il déféra à cet avis, et sa confiance ne fut pas vaine.

On lit dans la *Vie de sainte Thérèse* que, pénétrée de gratitude, elle recommanda à Dieu, pendant plusieurs années, un brave homme de la campagne qui lui avait donné un jour un verre d'eau. Ainsi, lorsqu'on lui rendait quelque léger service, l'abbé Hareux en conservait une profonde reconnaissance.

Oublieux de lui-même, il ne pensait qu'aux autres, cherchant les moyens de leur être utile ou agréable. Une religieuse de la communauté venait-elle à perdre quelqu'un de ses proches, il s'empressait de célébrer la messe pour la personne défunte, sans vouloir accepter d'honoraires. Son bonheur était de faire plaisir et sa charité semblait n'avoir point de bornes. Il payait largement de sa bourse pour la pension des élèves les plus pauvres ; ce qu'il continua de faire même après qu'il eut quitté la maison. Vicaire de Saint-Jacques, il n'oublia jamais son cher orphelinat de Louvencourt. Autant il aimait à y revenir, autant l'on était heureux de l'y revoir.

Les malades étaient tout particulièrement

l'objet de sa sollicitude toute paternelle. Les personnes qui l'accompagnaient dans les visites qu'il leur faisait, furent toujours édifiées de sa modestie et de sa réserve non moins que de sa charité.

En traversant la cuisine pour se rendre à l'infirmerie, il ne manquait pas d'adresser quelques bonnes paroles aux enfants qui s'y trouvaient réunis; et alors tout ce petit monde, charmé du bienveillant intérêt que lui témoignait M. l'Aumônier, disait : « Oh ! quel bon père nous avons ! »

Quand les élèves venaient à quitter ce pieux asile, M. Hareux ne laissait pas de les suivre encore d'un œil vigilant et de s'intéresser à elles. Avec quel soin il s'occupait de leur trouver une place où leur vertu ne fût pas exposée ! En attendant, il les nourrissait à ses frais. S'il lui arrivait de rencontrer une de ces chères enfants, il était heureux d'en parler; il témoignait sa satisfaction de celles qu'il voyait persévérer ; quelqu'une d'entre elles commençait-elle à se détourner de la bonne voie, il s'efforçait aussitôt de l'y ramener. C'est à lui que plusieurs sont redevables, après Dieu, du bienfait de leur vocation religieuse.

D'une constante égalité d'humeur, rien n'était capable d'altérer sa douceur et sa patience. Si l'on abusait de sa bonté, si l'on venait à lui manquer de respect, loin de se plaindre, il faisait prier pour les coupables. Dans sa profonde humilité, il s'attribuait à lui-même les fautes des autres. Lorsqu'il voyait quelqu'un dans le besoin, il n'avait pas de repos qu'il ne lui fût venu en aide. Il donnait alors sans compter, tant son cœur était bon et généreux ! Une ancienne élève de l'orphelinat, après avoir perdu son mari, se trouva sans travail et tomba malade ; M. Hareux lui envoya des secours et lui procura ensuite de l'ouvrage. Plus tard, lorsqu'elle fut entrée à l Hôtel-Dieu, il continua de la visiter et de l'aider de ses conseils. Il assista un jour une lessiveuse sur le point de se trouver sans asile parce qu'elle ne pouvait pas payer son loyer. Une autre fois, passant près de l'ancien cimetière de Saint-Acheul, il rencontra une femme toute en larmes, entourée de trois jeunes enfants. L'ayant interrogée avec bonté, il apprit qu'elle pleurait de désespoir à cause de la profonde misère où elle se trouvait réduite. Elle avait résolu de se jeter à l'eau pour ne pas voir souffrir ses trois pauvres enfants à qui elle n'avait rien à donner à manger. L'abbé Hareux la détourna de son sinistre dessein et la réconforta par de bonnes paroles, en lui glissant dans la main un louis de vingt francs. Cette femme, toute consolée, s'empressa de raconter la chose à des ouvriers paveurs qui travaillaient près de là et qui admirèrent la grande charité de cet excellent prêtre.

« Un saint triste est un triste saint, » a dit le bon P. Millériot, S. J. La vertu de M. Hareux n'avait rien de sombre. A un caractère sérieux, il alliait heureusement cette douce gaieté qui est comme le reflet de la bonne conscience et le rayonnement de la sainteté. Il avait souvent à raconter quelques petits traits amusants, et il ajoutait avec un doux sourire : « Après tout, c'est innocent. » Il aimait les soirées récréatives qui se donnaient dans les patronages, les ouvroirs et les écoles. Lui, l'érudit antiquaire, le grave théologien, l'ascète à la physionomie quelque peu austère, il ne dédaignait pas — nous en trouvons des preuves matérielles dans ses papiers — de retoucher, voire même de composer de petits drames et des pièces enfantines pour ses chères orphelines. Sa belle âme, si simple et si candide, s'épanouissait dans ces douces et innocentes fêtes de la jeunesse. Et comme ses chères enfants étaient heureuses de voir leur père spirituel s'associer à leurs récréations, s'intéresser à leurs amusements et à leurs plaisirs !

Avons-nous besoin d'ajouter que les anciennes élèves de l'orphelinat de Louvencourt qui ont connu l'abbé Hareux, ont conservé de lui le meilleur souvenir? L'une d'elles, devenue religieuse Augustine, écrivait, le 28 juin 1893 : « M. Hareux a embaumé l'orphelinat de Louvencourt du parfum de ses vertus. Nous le nommions entre nous « saint Louis de Gonzague. » Je prie de tout mon cœur pour ce bon prêtre à qui je dois tant ! Depuis quinze ans que j'ai quitté l'orphelinat j'ai entretenu une pieuse correspondance avec lui, et il a des droits tout particuliers à ma reconnaissance. »

Une autre ancienne élève lui écrivait, à lui-même, de Lille, au commencement de l'année 1884 : « Mes vœux partent d'un cœur bien reconnaissant pour les bontés que vous n'avez cessé de me prodiguer pendant tout le temps que j'ai passé à Saint-Acheul... J'ai su toute la peine qu'a causée votre départ ; il n'en pouvait être autrement : vous étiez toujours si bon ! »

Vers le même temps, une novice de la maison mère de l'Institut de Louvencourt lui témoignait sa reconnaissance en ces termes : « Le divin Maître a entendu le cri de mon âme : je suis reçue au noviciat ! Combien je vous remercie des bons soins que vous m'avez prodigués ! Vous avez dirigé mes premiers pas dans les sentiers de la vertu ; vous m'avez disposée à faire ma première communion, reçue dans les congrégations de

Saint-Louis de Gonzague, des Saints-Anges et de la Sainte-Vierge, etc. »

C'est encore une jeune religieuse de Louvencourt qui lui écrivait, le 7 août 1887 : « Je suis admise à prononcer mes vœux, le 8 septembre ; je sais combien cette nouvelle réjouira votre cœur si paternel. Je ne saurais oublier le bon père que Dieu, dans sa miséricorde, a placé auprès de moi pour diriger mes pas et me conduire, comme par la main, aux portes de ce noviciat béni. Merci donc, Monsieur et bon père, de tous les soins dont vous avez entouré mon âme, qui vous en conservera toujours le souvenir. Sœur M. du C. me charge de vous remercier du soin et du dévouement que vous avez prodigués à sa sœur pendant sa maladie. »

Au commencement de l'année 1892, qui devait être la dernière de sa vie, notre cher abbé Hareux recevait ces lignes : « Je suis heureuse de trouver à cette époque, une nouvelle occasion de vous exprimer la vive et profonde reconnaissance que je vous conserverai toute ma vie pour tous les soins si dévoués que vous m'avez prodigués pour me préparer à ma première communion, et aussi pour le bien que vous avez fait à ma famille. »

Une autre lettre nous apprend que le charitable aumônier payait lui-même la pension

de deux jeunes orphelines. Cœur généreux,
il donnait beaucoup aux pauvres et aux
bonnes œuvres. « C'était, disait-il, le moyen
de ne pas tarir la source. » Il comptait beaucoup sur la Providence, qui se plaît à véri-
fier cette parole de Notre-Seigneur : « Donnez et vous recevrez. »

Homme d'oraison et de zèle, M. Hareux
fut aussi toute sa vie un homme d'étude. La
science sacrée eut toujours ses prédilections;
il en cultivait les diverses branches suivant
le plan mûrement réfléchi qu'il s'était tracé.
Ses nombreux manuscrits témoignent du travail qu'il s'imposait pour la composition de
ses instructions. Qu'il s'agit d'un sermon
solennel, d'un prône ou d'une allocution, il
traitait toujours le parole de Dieu avec un
grand soin et un profond respect. Dans chacune de ses instructions on retrouve une
noble simplicité, un caractère pratique et
une pieuse onction.

A l'exemple de saint Paul, son patron, il
savait se faire tout à tous pour les gagner
tous à Jésus-Christ. Rempli de sollicitude
pour donner le lait spirituel aux enfants, il
n'avait pas moins de zèle pour procurer une
nourriture plus substantielle aux âmes plus
avancées et pour les pousser dans les voies
de la perfection. A Saint-Acheul comme plus
tard à Saint-Jacques, il fut, pour toutes les

personnes qui lui confièrent la direction de leur conscience, un guide éclairé, prudent et dévoué, sachant allier la fermeté à la douceur.

Ce qu'il enseignait aux âmes, il était le premier à le mettre en pratique ; aussi ses exemples donnaient-il la plus grande autorité à ses paroles. « Il serait difficile de dire jusqu'où il portait la délicatesse de conscience et l'horreur de ce qui avait tant soit peu l'apparence du mal, » nous disait un vénérable religieux qui fut pendant quelque temps son confesseur. Et il ajoutait que bien souvent il n'avait pas trouvé en lui matière à absolution. Le secret de conserver cette pureté d'âme, l'abbé Hareux le trouvait sans doute dans son esprit de recueillement, dans son union habituelle avec Dieu, dans le soin qu'il mettait à s'acquitter de ses exercices de piété de chaque jour, dans la pratique de la retraite du mois et de la retraite annuelle. Lorsqu'il le pouvait, il aimait aussi à aller puiser un surcroît de forces spirituelles et de ferveur aux sources salutaires que Dieu fait jaillir en certains lieux de dévotion pour le bien des âmes. C'est là que nous allons le suivre pendant quelque temps.

CHAPITRE VII

§ 1. *L'origine du mouvement des pèlerinages.*

Dès les temps les plus reculés, les pèlerinages ont occupé une place considérable dans la vie religieuse des peuples et beaucoup de Saints nous en ont donné l'exemple. Comme l'a dit avec raison celui-là même qui fait le sujet de cette notice, « de tout temps on a fait des pèlerinages pour s'y sanctifier, et l'Eglise n'a pas cessé d'encourager et de bénir ces pieux voyages (1). » Aussi bien, n'est-ce pas un des meilleurs moyens d'aider à la piété par les sens? Le spectacle des lieux sanctifiés par une apparition de Notre-Seigneur ou de la Sainte Vierge ; les miracles qui s'y opèrent ; la vue des reliques d'un Saint, de ses ossements, de son tombeau, de

(1) Allocution aux Enfants de Marie, anciennes élèves de l'orphelinat de Louvencourt, prononcée en la chapelle de Notre-Dame des Sept-Douleurs de l'église Saint-Acheul, le 24 mai 1887.

la maison qu'il a habitée, de ses vêtements, de ses instruments de pénitence ou de torture, de sa prison et de ses chaînes, des objets qui ont été à son usage : tout cela produit d'ordinaire une impression plus profonde qu'une lecture ou un sermon. « En visitant ces lieux de dévotion où il plaît à Dieu d'imprimer le sceau de sa puissance pour le bien des âmes, le chrétien respire un air tout imprégné de vertu et de sainteté; il sent son cœur se dilater au souffle de la grâce; tout son être moral se retrempe aux sources pures et vives de la foi, et il s'en retourne, emportant une abondance de consolations spirituelles et un surcroît de vie divine (1). »

On ne s'étonnera pas que l'abbé Harcux, vivant de la foi et possédant à un rare degré la vertu de religion, ait beaucoup aimé ces manifestations de la vie chrétienne. Presque tous les ans, à l'époque des vacances, il prenait son bâton de pèlerin pour aller se retremper à quelqu'un de ces lieux de dévotion qu'un illustre prélat appelle « les eaux thermales de la piété, les bains spirituels où les âmes viennent se régénérer en y puisant une énergie nouvelle. »

Malgré sa santé délicate, nous le rencon-

(1) Mgr Freppel, Discours prononcé à la cérémonie du Couronnement de sainte Anne d'Auray, le 30 septembre 1868.

trons au nombre des vaillants à l'origine même du mouvement des pèlerinages qu'il n'est pas sans intérêt de rappeler ici.

C'était au mois d'octobre 1871, au lendemain de nos désastres. Un prêtre du clergé de Paris, jeune encore et tout dévoué à sainte Philomène, M. l'abbé Thédenat, priait tristement, à Ars, sur la tombe du V. Vianney et près de l'autel de *sa petite Sainte*. Il songeait au moyen de détourner de notre chère patrie la colère du ciel. Tout à coup une idée se lève dans son âme : peut-être un grand pèlerinage à la Salette, un *pèlerinage national* en l'honneur de la Reine du ciel attirerait ses bénédictions sur nous et nous serions sauvés !... Cette idée l'envahit peu à peu et prit bientôt une telle intensité que, de retour à Paris, il n'hésita pas à la communiquer autour de lui. On fit d'abord quelques objections, mais déjà la chose paraissait possible, puisque l'on commença des neuvaines à l'autel de sainte Philomène, dans l'église Saint-Gervais. La bonne Sainte produisit sur les autres la même conviction qu'elle avait communiquée à son pieux serviteur, et le projet d'un pèlerinage national fut partout annoncé. Le sanctuaire de la Salette était naturellement désigné, puisque c'est là que Marie a pleuré en annonçant les malheurs de la France.

L'humble prêtre dont Dieu avait voulu se servir d'abord se sentait trop jeune pour prendre l'initiative. Il demanda aux religieux Augustins de l'Assomption de se charger de la direction du pèlerinage sous les auspices de sainte Philomène. Après quelques hésitations, ceux-ci acceptèrent cette tâche laborieuse et l'on fonda le *Comité général des pèlerinages*.

L'action fut si vive que, le 18 août 1872, l'église Saint-Gervais voyait entrer un magnifique cortège de pèlerins prêts à partir. Ils venaient demander à sainte Philomène, leur aimable inspiratrice, de les bénir. De tous les points de la France, on avait répondu à l'appel du Comité. Deux jours après, des milliers de chrétiens pénitents priaient à la Salette pour l'Eglise et pour le salut de la Patrie (1).

§ II. — *Pèlerinage à Ars et à la Salette* (1872).

Ars.

M. l'abbé Hareux s'enrôla dès la première heure, avec son vénéré père, dans cette paci-

(1) Voir, p. 73-75, le *Manuel des Pèlerins de l'œuvre de Sainte-Philomène...* Paris-Vaugirard, maison Saint-Vincent dePaul, 3, rue Dantzig, 1894.

fique milice de la prière. Les nouveaux croisés firent une première étape à Ars, village autrefois ignoré et aujourd'hui célèbre dans le monde entier par la vie héroïque de son humble curé. Le V. Vianney y vécut pendant plus de quarante ans et l'on a dit que son premier miracle fut la conversion de cette pauvre paroisse. Avec quelle allégresse nos pieux pèlerins saluèrent la magnifique coupole de la nouvelle basilique, élevée récemment pour abriter les foules suppliantes qu'attire ce coin de terre privilégié! Avec quelle émotion ils pénétrèrent dans la vieille église, à laquelle se raccorde le nouveau sanctuaire! Cette pauvre église, basse et étroite, c'est celle du Curé d'Ars. C'est ici que, pendant quarante ans, il a passé ses journées et une partie de ses nuits. Tout a été religieusement conservé. Chaque pierre proclame ses vertus, chaque autel a vu des merveilles. Avec quelle ferveur l'abbé Hareux et son père prièrent dans les chapelles érigées par le Vénérable! Celle de l'*Ecce Homo*, où il implorait la conversion des pécheurs endurcis, rappelle sa dévotion à Notre-Seigneur dans les mystères de la Passion. C'est là, sans doute, qu'il puisait l'esprit de mortification, l'amour de la croix, et des pensées comme celles-ci : « Que les âmes qui sont à Dieu dans la souffrance éprouvent de douceur!...

Toutes les peines sont douces quand on souffre en union avec Notre-Seigneur... Les épines suent le baume, et la croix transpire la douceur. Mais il faut presser les épines dans ses mains et serrer la croix sur son cœur pour qu'elles distillent le suc qu'elles contiennent. Les contradictions nous mettent au pied de la croix, et la croix à la porte du ciel. »

La chapelle de la Sainte Vierge, la seule qui existât lors de son arrivée à Ars, témoigne de l'amour de M. Vianney pour Marie qu'il appelait « la portière du ciel, » et à laquelle, de bonne heure, il avait consacré sa paroisse. Celle de Sainte-Philomène nous apprend combien il était dévot à sa *chère petite sainte*. Elle était « *son conseil* et son chargé d'affaires au ciel, auprès de Dieu. » Vivant avec lui dans une douce intimité, la vierge martyre des premiers siècles le favorisait de ses apparitions et accordait tout à ses prières. Des cierges brûlent sans cesse en grand nombre dans cette chapelle remplie d'ex-voto. Les pèlerins sentent leur âme se remplir de confiance en priant devant les reliques de la thaumaturge et devant sa statue toute radieuse de l'éclat des miracles dont elle a été l'instrument.

A côté se trouve la chapelle dédiée à saint Jean-Baptiste, patron du Vénérable Curé d'Ars. C'est d'elle qu'il disait : « Si l'on savait tout ce qui s'y est passé, personne n'oserait y mettre les pieds. » Faisait-il allusion aux apparitions dont le saint Précurseur l'avait favorisé, ou bien aux conversions miraculeuses opérées par lui au tribunal de la pénitence ? Nous l'ignorons. On conserve dans cette chapelle le confessionnal où l'homme de Dieu, exténué, brisé par la souffrance, ne s'appuyant que sur des plaies, passait chaque jour jusqu'à quinze et parfois même dix-huit heures ! C'est là que se sont accomplis tant de prodiges, qu'ont été reçus tant d'aveux pénibles et de lamentables confidences, qu'ont été prodigués tant de trésors de charité, de patience, de miséricorde et d'exquise bonté ! C'est là que tant d'âmes ont recouvré le pardon, l'innocence et la paix ; qu'elles ont trouvé lumière, force et consolation ; qu'elles ont été initiées aux plus secrets desseins de Dieu sur elles.

Directeur d'âmes, le V. Vianney a porté au saint tribunal l'héroïsme jusqu'au martyre. En récompense, il a reçu de Dieu le don de lire dans les consciences et souvent même dans l'avenir, comme dans un livre ouvert.

Alors surtout que nous traçons ces lignes au retour d'un pèlerinage à Ars et à la Salette, et le cœur débordant des émotions ressenties en ces lieux bénis, on nous pardonnera, nous l'espérons, de nous étendre longuement sur la description de cette humble église, plus vénérée dans son apparente abjection que les splendides cathédrales dans leur gloire. Du reste, en donnant tous ces détails, nous répondons à de pieux désirs et nous entrons dans la pensée de celui-là même qui fait l'objet de ce récit. L'abbé Hareux avait rapporté de ce pèlerinage une impression si profonde ! Il aimait tant à parler d'Ars et du saint Curé qui en fera à jamais la gloire !

Au contact du confessionnal de M. Vianney, il avait senti s'allumer plus vif encore dans son cœur l'amour des âmes. En voyant la chaire où le nouveau Jean-Baptiste « annonçait la parole divine avec des yeux mouillés de larmes et une onction céleste dans la voix (1), » il lui avait semblé entendre ses sublimes enseignements sur la grandeur du prêtre : « Qu'est-ce que le prêtre ? Un homme qui tient la place de Dieu, un homme qui est revêtu des pouvoirs divins. Tout nous vient par le prêtre, toutes les grâces, tous les dons célestes... Si nous n'avions pas

(1) Lettre pastorale de Mgr l'évêque de Belley pour ordonner la publication du Décret d'introduction de la cause de Béatification du Vénérable Serviteur de Dieu Jean-Baptiste-Marie Vianney, curé d'Ars. — Cette lettre est datée du 18 novembre 1872. L'évêque de Belley, à cette époque, était S. E. le cardinal Richard, aujourd'hui archevêque de Paris.

le prêtre, nous n'aurions pas Notre-Seigneur...
Oh ! que le prêtre est quelque chose de grand !
Le prêtre ne se comprendra bien que dans
le ciel. Après Dieu, le prêtre c'est tout ; le sacerdoce, c'est l'amour du Cœur de Jésus. »

L'abbé Hareux et son père ne manquèrent
pas de visiter la petite sacristie où, en vue
du tabernacle, le Curé d'Ars composait ses
sermons, puisant ses inspirations dans le cœur
de Jésus. Après avoir baisé la pierre qui couvre,
au milieu de l'église, la tombe du Serviteur
de Dieu, ils allèrent visiter son presbytère.

Entrons à leur suite dans cette modeste
demeure qu'un pèlerin a appelée « un musée
de vertus. » Là, tout est encore dans l'état
où le Vénérable le laissa le jour de sa mort,
et tout respire la pauvreté, l'humilité, la
mortification. On a en quelque sorte sous
les yeux, toute la vie du Curé d'Ars, ses
jeûnes effrayants, ses macérations quotidiennes, ses oraisons accompagnées de larmes,
ses luttes avec le démon.

Voici d'abord, dans un appartement situé
au rez-de-chaussée, le cercueil qui a renfermé
la précieuse dépouille de celui qui continue
dans l'humilité de la tombe l'humilité de sa
vie, jusqu'au jour — prochain, nous l'espérons — où l'Eglise lui décernera les honneurs
du culte public. Près du cercueil, on aperçoit,
suspendue au mur, la poêle dans laquelle le

saint prêtre faisait cuire ses *matefaims,*
espèce de crêpes faites seulement de farine
et d'eau. Non loin de là, on voit son lit à
demi brûlé par le démon ; une petite fiole
remplie de son sang encore liquide, et une
discipline en fer, avec laquelle il se flagellait
sans pitié, s'offrant en victime pour les âmes.

Accompagnons nos chers pèlerins dans la
chambre du Curé d'Ars, où nous conduit un
mauvais escalier en pierre. C'est une pièce
enfumée, où tout prêche le détachement et la
pénitence. Elle lui servait à la fois de
chambre à coucher, de cabinet de travail,
de salon de réception et de salle à manger.
Quelques images de Notre-Seigneur, de la
Sainte Vierge et des Saints particulièrement
aimés en font toute la décoration. En face
de la porte s'élève une série de rayons char-
gés de vieux livres. Près de cette bibliothèque, une armoire ouverte laisse voir un
vieux chapeau et une soutane rapiécée. Tout
à côté se trouve le lit ; il se compose de quelques planches recouvertes d'un peu de
paille. Le V. Vianney couchait sur une
simple paillasse, souvent même sur la planche
nue. Ses souliers sont encore là sous le lit, à
la place où il les ôta la dernière fois. Voici,
sur la cheminée, la vieille lanterne qui lui
servait pour se rendre de grand matin au
confessionnal. Au milieu de la chambre, on

voit sa chaise et la petite table où il prenait
ses pauvres repas : du pain noir qu'il ache-
tait aux mendiants et quelques pommes de
terre cuites plusieurs jours d'avance en faisaient tous les frais. A côté d'une écuelle en
terre on remarque un pot à eau dont l'anse
est brisée : c'est sur ce pot que le *Grappin*
venait, presque chaque nuit, *jouer du tam-
bour*.

Après un dernier acte d'adoration au Saint
Sacrement, une dernière prière sur la tombe
du V. Vianney et devant l'autel de sainte
Philomène, l'abbé Hareux, toujours accompagné de son père, poursuivit son pieux
voyage.

La Grande-Chartreuse.

Quelques lignes écrites de sa main sur une
image qui lui fut « donnée par un Chartreux,
dans la salle royale, » nous apprennent qu'il
était le 20 août à la Grande-Chartreuse. Nous
ne le suivrons pas à travers ces sites pittoresques et grandioses, le long de cette montée
qu'ont gravie saint Bernard, saint François
de Sales et tant d'autres illustres personnages
qui visitèrent les Fils de saint Bruno dans
leur célèbre monastère. Il faut avoir vu pour
s'en faire une idée, l'incomparable beauté de
ce paysage, la magnifique horreur des mon-

tagnes, ces gorges, ces torrents, ces abîmes,
ces arbres gigantesques qui paraissent aussi
âgés que le monde, ces tunnels taillés dans le
roc, ces blocs de monts entassés, dans les
cimes menaçantes font éprouver quelque
chose comme « les épouvantements » dont
parle Bossuet.

Beaucoup de touristes vont chercher à la
Grande-Chartreuse un spectacle et des émotions pour les sens. Nos pèlerins y allaient
avant tout pour s'y édifier de la vie austère
des Fils de la solitude. Ils y allaient pour
retremper leurs âmes dans l'esprit de recueillement, de prière et de sacrifice, à la vue de
ces longs corridors silencieux, de ces cel-
lules nues, de ces hommes qui, morts au
monde, ayant fixé leur demeure dans le
désert, méditent les années éternelles, n'ont
d'autre pensée que celle de Dieu dont ils
chantent nuit et jour les louanges ; à la vue
de ces hommes qui secourent les pauvres du
fruit de leurs privations, élisent ceux auxquels ils obéissent, se disent l'un à l'autre :
« Mon Frère, » subissent la même tonsure,
portent le même cilice et le même froc,
observent les mêmes jeûnes, mangent le
même pain noir, dorment sur la même paille
et meurent sur la même cendre.

Il est permis de penser que l'abbé Hareux
ne quitta point la Grande-Chartreuse sans

que lui revinssent à la mémoire ces vers
d'un de nos poëtes les plus illustres :

« Paisibles habitants de ces saintes retraites,
Comme au pied de ces monts où priait Israël,
Dans le calme des nuits, des hauteurs où vous êtes,
    N'entendez-vous rien du ciel ?
Ne voyez-vous jamais les célestes phalanges
Sur vos dômes sacrés descendre et se pencher ?
N'entendez-vous jamais des doux concerts des anges
    Retentir l'écho du rocher (1) ? »

La Salette.

Deux jours plus tard, MM. Hareux, père
et fils étaient arrivés au terme de leur pieuse
pérégrination. Le voyage ne s'était pas
accompli sans fatigue. Depuis Grenoble, il
avait fallu faire un trajet de quinze heures
en voiture à travers un pays très accidenté,
avant de gravir l'étroit sentier bordé de pré-
cipices qui conduit à la Salette. Aussi quelle
consolation pour les pèlerins lorsqu'il leur
fut enfin donné de prier sur la sainte montagne où, vingt-six ans auparavant, avait eu
lieu la merveilleuse apparition qui rendit le
nom de la Salette célèbre par tout l'univers !

Jusque-là, sur ce plateau comme sur les
sommets qui l'environnent, c'était le désert
avec son austère grandeur et son silence

(1) LAMARTINE.

religieux. « Pas d'autre bruit que celui de la tempête n'en éveillait les échos ; aucun pied humain ne laissait sur ces hautes cimes son empreinte ; à peine un petit pâtre foulait quelquefois, insoucieux, leur neige immaculée et leur mousse verdoyante (1). » Mais depuis que, le 19 septembre 1846, samedi des Quatre-Temps et veille de la fête de Notre-Dame des Sept-Douleurs, vers deux heures et demie de l'après-midi, alors que l'Eglise chantait par toute la terre, dans l'office des premières vêpres : « *O quot undis lacrymarum...* Oh ! de quelle abondance de larmes est inondée la Vierge Mère ! » la *Belle Dame*, comme l'ont appelée les petits bergers, laissa couler ses larmes sur cette montagne aride et sévère, en y faisant entendre des menaces et des avertissements pour son peuple ; depuis ce jour-là, la vie est venue animer ces solitudes. Une imposante basilique que la piété catholique continue d'enrichir de ses trésors, y a élevé vers le ciel ses deux tours grandioses. Des pèlerins venus de tous les points de l'horizon affluent journellement vers la montagne miraculeuse que la prière enveloppe d'une atmosphère bénie et où des religieux dévoués ont fixé leur demeure. A l'endroit même de

(1) Mgr PAULINIER, évêque de Grenoble.

l'apparition, trois groupes en bronze, dus à la munificence d'un noble Castillan, rappellent et font en quelque sorte revivre les détails du merveilleux évènement qui a renouvelé la face de la terre.

Le pèlerinage national de 1872 à la Salette eut un caractère exceptionnel de grandeur et de solennité. Ce fut alors que les pèlerins de Marseille chantèrent pour la première fois le cantique, bientôt si populaire, sorti du cœur de la France pénitente :

> Pitié, mon Dieu ! c'est pour notre patrie
> Que nous prions au pied de cet autel.
> Les bras liés et la face meurtrie,
> Elle a porté ses regards vers le ciel.

Le pieux aumônier de l'orphelinat de Saint-Acheul n'oublia jamais l'impression produite par cet admirable cantique chanté avec enthousiasme par une foule immense, et répercuté par tous les échos de la montagne.

Une pareille manifestation de foi et de piété ne pouvait manquer d'exciter la rage du démon. A Grenoble, les pèlerins eurent l'honneur de subir les insultes d'une tourbe grossière de sectaires, de sorte qu'ils ne furent privés d'aucun genre de mérite (1).

(1) Nous devons ajouter toutefois que, par un acte public et par une adresse imprimée remise aux pèlerins, la population de Grenoble protesta, « avec la plus pro-

L'abbé Hareux revint de la Salette le corps fatigué, mais l'âme inondée de consolations. Il désirait y retourner, et la veille même de sa mort il exprimait encore le regret de ne pouvoir réaliser ce pieux désir. Il avait, d'ailleurs, à acquitter une dette de reconnaissance : Notre-Dame de la Salette lui avait accordé un grand soulagement aux violents maux de tête dont il souffrait depuis dix ans.

§ III. — *Lourdes et Bétharram. — Poitiers, Ligugé et Tours (1873 et les années suivantes).*

Lourdes.

Il obtint la guérison complète l'année suivante aux pieds de Notre-Dame de Lourdes. C'était le 2 juillet 1873. Accompagné encore de son digne père et d'une de ses sœurs, il faisait alors partie du pèlerinage du diocèse d'Amiens, qui offrit une riche bannière à la Vierge de la grotte Massabielle. Nos pèlerins picards se rencontrèrent auprès de la source miraculeuse avec ceux de Niort, dont la foi ardente obtint un miracle resté célèbre dans les annales de Lourdes, si riches en prodiges.

fonde indignation, contre ce fait odieux, véritable attentat aux devoirs de l'hospitalité, commis par des hommes sans aveu, agents du banditisme cosmopolite qui conspire contre tout ordre et tout honneur patriotique. »

Nous voulons parler de la guérison de Caroline Esserteau, atteinte d'une maladie incurable et déclarée telle par les médecins qui l'avaient soignée. La guérison de cette pieuse fille arrivée mourante à Lourdes eut alors un grand retentissement par toute la France. M. l'abbé Hareux priait à la grotte lorsqu'il entendit retentir le *Magnificat* annonçant ce miracle que la *Semaine religieuse* d'Amiens a raconté en détail (1).

On a dit que Lourdes est le Thabor de Marie dont la Salette est le Calvaire. Toujours est-il qu'à ces deux foyers la dévotion de notre cher pèlerin envers sa céleste Mère s'enflamma d'une nouvelle ardeur. Deux fois encore, en 1885 et en 1890, il reprit avec un bonheur toujours nouveau le chemin de Lourdes. Comme il aimait à chanter le beau cantique :

> O Lourdes! Gave! O sanctuaire!
> Terre qui fais rêver du ciel,
> Vous embaumez ma vie entière
> D'un parfum d'amour éternel!...

(1) « A mon sens, disait Mgr Pie, ce prodige est un des plus frappants qui aient été opérés par la grâce divine dans le sanctuaire de Notre-Dame de Lourdes. » (Voir le volume intitulé : *Guérison de Caroline Esserteau*, par M. l'abbé GUILLET, 3ᵉ édition, suivie d'un supplément, revue et corrigée par le R. P. Mercier, S. J.)

Bétharram.

La plupart des pèlerins de Lourdes connaissent le sanctuaire miraculeux de Bétharram, qui s'élève à l'extrémité du diocèse de Bayonne, entre Pau et Lourdes, à quinze kilomètres de cette dernière ville. Une jeune fille, en cueillant des fleurs, tomba dans le Gave. Entraînée par les eaux, elle allait périr, lorsqu'elle invoqua la Madone de l'Estelle, qui lui tendit aussitôt une branche pour l'aider à regagner la rive. Dans sa reconnaissance, la jeune miraculée offrit à sa libératrice un beau rameau aux feuilles d'or. De là le nom de Notre-Dame du Beau-Rameau ou de Beth-Arram, comme on dit dans l'idiome du pays. L'abbé Hareux visita cette « dévote chapelle » ainsi que la qualifient les vieux chroniqueurs. Après avoir fait ses dévotions à la Vierge toujours secourable aux malheureux, il parcourut, sur les pentes de la montagne « taillée et façonnée sur le modèle même du Golgotha, » les stations du Chemin de la Croix, « le premier et le plus beau de France (1). » Des chefs-d'œuvre de sculpture et de peinture y excitent la piété.

(1) *Manuel du Pèlerin à Notre-Dame et au Calvaire de Bétharram*, p. 24.

« Sur ces flancs, parés d'une luxuriante végé-
tation, une ligne de chapelles blanches, co-
quettes et souriantes, monte comme une
traînée lumineuse et dessine ses élégantes
sinuosités de la base au sommet. Des flèches,
des clochetons, des tourelles en pierre, se
découpent à ravir sur un fond de verdure ou
dans l'azur des cieux (1). »

Au trésor de Notre-Dame de Bétharram,
M. l'abbé Hareux remarqua, avec un intérêt
particulier : un Camée précieux offert par
Pie IX ; une Calotte du pape Grégoire XVI ;
le Voile de communion de la reine Marie-
Antoinette ; la Robe de noces de la comtesse
de Chambord, avec son écharpe : une Mule de
Pie IX, don de Mgr Delannoy, évêque
d'Aire ; une Aube et une Ceinture de Mgr de
Salinis, l'illustre évêque d'Amiens, mort
archevêque d'Auch.

Poitiers.

Dans ses pèlerinages à Lourdes, l'abbé
Hareux s'arrêta à Poitiers. Ce fut une douce
jouissance pour son cœur que d'offrir le saint
sacrifice auprès du tombeau de sainte Radegonde, l'illustre patronne de l'ancienne capitale du Poitou, la vertueuse princesse dont

(1) *Le Calvaire de Bétharram.*

le souvenir se rattache aux origines de la France chrétienne, et à notre terre picarde qu'elle a habitée. Il ne manqua pas de visiter l'antique baptistère de Saint-Jean et le monastère de Sainte-Croix. Ce monastère, de même que l'ancienne et illustre abbaye de ce nom, a reçu cette dénomination de l'insigne relique de la vraie Croix, obtenue par sainte Radegonde, de l'empereur Justin le Jeune. M. Hareux se fit un bonheur de vénérer les nombreuses reliques de Notre-Seigneur, de la Sainte Vierge et des Saints, qui font toute la richesse de cette fervente communauté. On lui montra aussi les précieux objets qui rappellent aux filles de sainte Radegonde la glorieuse mémoire de leur sainte fondatrice. Outre les reliques renfermées dans la châsse de la sainte (c'est-à-dire : son crâne, de ses ossements, de ses cheveux, de son voile et de sa robe), citons le petit pupitre en bois de chêne dont se servait, dit-on, l'ancienne reine de France, et la croix de fer que, par mortification, elle appliquait, rougie au feu, sur ses chairs déjà amaigries par la pénitence.

Ligugé.

Enfant d'Amiens, la ville qui fut témoin du trait héroïque si connu de la charité de saint Martin, l'abbé Hareux avait trop le culte du grand Thaumaturge des Gaules pour ne pas faire une excursion à Ligugé et visiter le célèbre monastère bénédictin. Ce fut là, on le sait, dans la délicieuse vallée du Clain, à deux lieues de Poitiers, que saint Martin donna à l'Occident le premier modèle de la vie monastique. Les personnes qui ont fait le pèlerinage de Ligugé, connaissent ce cantique populaire :

> Conduit par Hilaire,
> Martin dans ce lieu
> Fonde un monastère
> Pour honorer Dieu.

La piété reconnaissante a élevé une chapelle à l'endroit où le Saint ressuscita un catéchumène :

> Un catéchumène
> Succombe au trépas,
> Martin le ramène
> Aux jours d'ici-bas.

L'aumônier de l'orphelinat de Saint-Acheul rapporta de ces lieux de dévotion un surcroît de lumière et de paix intérieure. Il sentit se vivifier en lui ces paroles du plus éloquent des Docteurs de l'Eglise : « Les moines communiquent la paix qu'ils possèdent à quiconque les aborde. Pleins de la lumière divine, ils dissipent les ténèbres de ceux qui les contemplent de près... Va donc, dirige tes pas vers les demeures des Saints. Aller dans le monastère habité par un saint moine, c'est faire le voyage de la terre au ciel (1). »

Tours.

Ce fut aussi la dévotion de l'abbé Hareux envers saint Martin qui le conduisit à Tours, le 11 novembre 1874, avec d'autres pèlerins d'Amiens, pour vénérer ce qui reste du tombeau et des cendres de « l'homme ineffable, » suscité de Dieu au ive siècle, pour être le destructeur de l'idolâtrie dans les Gaules, le modèle des solitaires et des pasteurs de l'Eglise. Nous n'avons pas à rappeler ici la vie, d'ailleurs si populaire, de ce héros apostolique. « Il domine notre histoire et il apparaît à notre époque de pygmées comme un géant d'une race éteinte (2). » Il y a longtemps que Grégoire de Tours a proclamé saint Martin « le patron spécial... du monde entier, » et pourtant ne semble-t-il pas que notre pays possède plus de titres qu'aucun autre à son puissant patronage ? Est-ce que

(1) Saint Jean Chrysostome (xive *homélie sur la première épître à Timothée*), cité par le savant Dom Chamard dans l'introduction à son remarquable ouvrage : *Saint Martin et son monastère de Ligugé.*

(2) Lecoy de la Marche, *Saint Martin*, p. 654.

la grande et douce figure de l'illustre Thaumaturge ne plane pas sur la France chrétienne et principalement sur l'archidiocèse
de Tours ainsi que sur les diocèses de Poitiers et d'Amiens, qui furent les témoins
émerveillés de ses vertus (1) ? On sait de
quels honneurs nos ancêtres environnaient
le tombeau de saint Martin, source inépuisable de bienfaits insignes et palladium de la
France.

Dans la chapelle provisoire attendant la
reconstruction de la basilique martinienne
renversée par la Révolution, M. Hareux
vénéra, sous leur *ciborium,* sous leur dais en
cuivre doré, rehaussé d'émaux et de pierreries, les cendres du moine évêque et les
fragments de ses reliques échappés à la
fureur des huguenots.

Notre pieux pèlerin visita aussi l'oratoire
de la Sainte Face, érigé dans la maison du
« saint homme de Tours. » Là encore tout
respire la sainteté ; tout prêche la pénitence
et la réparation ; l'amour de Notre-Seigneur
et la dévotion à sa Face adorable. Sur un
panneau de l'oratoire, à côté de l'autel, il lut :
« Ici est le point de départ de la rénovation

(1) Voir la Lettre pastorale de Mgr Renou, évêque
d'Amiens, à l'occasion du pèlerinage de son diocèse au
tombeau de saint Martin. Cette Lettre est datée du
15 septembre 1893.

du culte de saint Martin, etc. » Sur un autre : « Ici a été conçue la première pensée de l'œuvre de l'Adoration nocturne pour les hommes. » Non loin de là, dans la chambre dite des Miracles, au-dessous de la discipline de M. Dupont : « Ici le serviteur de Dieu se macérait secrètement par de rudes et ·sanglantes flagellations. » Sur le panneau de la couronne d'épines, à la porte de la sacristie : « Ici, par la vertu des onctions de l'huile de la Sainte Face et des prières du serviteur de Dieu, beaucoup d'infirmes et de malades ont été soulagés et guéris ; des indifférents et des pécheurs ont été touchés et convertis, etc. » Enfin, sur le panneau du Sacré Cœur et de la Bible : « Ici a été remis à un vaillant capitaine le drapeau du Sacré Cœur, qui s'est couvert de gloire à Patay (1). »

(1) Ce fut à l'époque de nos désastres que cette magnifique bannière, brodée par les Visitandines de Paray-le-Monial, fut envoyée au « saint homme de Tours » après avoir touché aux reliques de la Bienheureuse Marguerite-Marie. On sait comment, à Patay, elle reçut le baptême de feu et fut, pour ainsi dire, sacrée par le sang des braves tombés « dans le Cœur de Jésus, » en jetant sur ce champ de bataille un rayon de pure gloire qui rappelle le temps des Croisades. Lorsque la mémorable journée du 20 juin 1873 amena à Paray 25,000 pèlerins, parmi lesquels on distinguait les généraux de Sonis et de Charette à la tête des zouaves pontificaux, on vit reparaître la bannière du Sacré Cœur, flottant au-dessus de la châsse de la Bienheureuse, dans le sanctuaire de Paray-le-Monial.

§ IV. — *Pèlerinage au Sacré Cœur, à Paray-le-Monial.*

Si l'importance d'un lieu de pèlerinage doit se mesurer sur les événements dont il a été le théâtre, et sur les souvenirs qu'il rappelle, le sanctuaire de Paray-le-Monial, au diocèse d'Autun, n'a vraiment rien à envier aux plus illustres sanctuaires de la Terre Sainte. C'est, de part et d'autre, le même Dieu apparaissant : en Judée, dans son humanité souffrante, et à Paray, dans son humanité glorieuse ; des deux côtés avec les mêmes vues d'amour et de miséricorde pour les hommes (1).

Il faudrait savoir jusqu'où allait l'amour de l'abbé Hareux envers le Cœur de Jésus pour deviner l'attraction qu'exerçait sur lui le seul nom de Paray-le-Monial et pour se faire une idée de la joie qui inonda son âme lorsqu'il put se rendre dans cette cité bénie. Ce fut encore accompagné de son père et d'une de ses sœurs qu'il fit ce voyage de dévotion, avec le pèlerinage des religieux et des tertiaires de Saint-François. La pieuse caravane avait pour chef le Révérendissime

(1) Voir *Les saints Pèlerinages de Paray-le-Monial et de Verosvres*, par M. le chanoine CUCHERAT, aumônier à Paray-le-Monial, p. 3.

Ministre Général de tout l'ordre franciscain, qui venait consacrer au Sacré Cœur la grande famille séraphique et offrir au célèbre sanctuaire une bannière commémorative.

C'était en 1875, l'année où l'on célébrait l'anniversaire deux fois séculaire de « la dernière des grandes révélations relatives au Sacré Cœur, celle qui a clos le cycle de ces solennels entretiens, en en disant le dernier mot (1). » C'était, par une heureuse coïncidence, le 14 juillet, fête de saint Bonaventure, le docteur séraphique, la plus brillante lumière de l'Ordre, le héraut et le modèle de la dévotion au Cœur qui a tant aimé les hommes (2) !

Quelle journée pour un prêtre aussi pieux que l'était l'abbé Hareux ! Jouir d'un pareil spectacle, s'associer à cette touchante manifestation de foi et d'amour divin, prendre part à ces processions splendides et à ces cantiques de sainte allégresse ; prier à l'unisson avec tant de frères et tant de sœurs en saint Fran-

(1) Mgr Bougaud, *Histoire de la B. Marguerite-Marie*, p. 224 de la 3ᵉ édition.

(2) Dans son opuscule l'*Aiguillon de l'amour divin* (1ʳᵉ part., ch. 1), saint Bonaventure s'écrie : « Il nous est ouvert, ce sanctuaire du Cœur de Jésus, où se trouvent tous les baumes et tous les remèdes... Oh ! si j'avais été à la place de la lance, je n'aurais jamais voulu sortir du côté du Sauveur, et j'aurais dit : *C'est ici le lieu de mon repos pour toujours.* »

çois, dans la ville du Sacré Cœur et de la Bienheureuse Marguerite-Marie, dans les allées de ce jardin mystique où Notre-Seigneur est venu converser avec son humble servante ; dans ce sanctuaire, devant cette grille, au pied de cet autel où s'établissaient, entre Jésus et la messagère de ses miséricordes, « ces pourparlers avec le ciel, ces divines conférences où s'agitaient les intérêts de la gloire de Dieu et le salut du monde (1) : » quelle fête pour une âme si affectionnée au divin Cœur de Jésus et au glorieux Pauvre d'Assise !

Au fervent aumônier picard, Paray sembla une image du paradis. Sous l'impression de la grâce, se sentant comme soulevé au-dessus de la terre et rapproché du ciel, il se serait volontiers écrié avec le psalmiste : « O Jérusalem ! nos pieds touchent au seuil de tes portiques (2). » Ce fut une douce consolation pour sa piété, de vénérer, dans sa châsse splendide, sous les vêtements d'honneur et de gloire qui le recouvrent, le corps virginal de l'humble Marguerite-Marie, choisie par Notre-Seigneur pour être l'apôtre de la dévotion à son Cœur divin. Ce lui fut aussi une grande joie de pouvoir, en compagnie d'un

(1) Cucherat, *op. citat.*
(2) Ps. cxxi, 2.

père et d'une sœur tant aimés, se consacrer au Sacré Cœur de Jésus dans ce sanctuaire tout embaumé de son amour, lui offrir le tribut de son dévouement, le prier pour l'Eglise et pour la France, lui recommander ses besoins personnels, sa famille et son cher petit troupeau de Louvencourt.

Le matin, il y eut communion générale à la messe de pèlerinage célébrée dans l'église paroissiale. A la demande de Mgr Perraud, évêque d'Autun, cette antique église bénédictine fut, en cette même année 1875, érigée en basilique mineure par le Souverain Pontife et désormais consacrée au Sacré Cœur. Dans le cours de la journée, les pèlerins, partagés en plusieurs groupes, allèrent successivement s'agenouiller dans la chapelle de la Visitation, gardienne de la précieuse dépouille de la Bienheureuse. L'humble Marguerite-Marie repose dans sa châsse d'argent doré et de cristal, ornée de pierreries et d'émaux, sous le marbre blanc de l'autel, à l'endroit même où était Notre-Seigneur lorsqu'il lui apparut. Cinquante-trois lampes enveloppent de lumière tout cet autel devenu un sépulcre. Il y a sur la terre bien peu de lieux plus doux et plus augustes. Les ineffables mystères de tendresse et d'immolation, de miséricorde et d'amour accomplis ici-même : tout parle à l'âme du pèlerin. Il prie avec foi, souvent avec larmes; il s'oublie dans une muette contemplation et il se relève consolé.

La cérémonie de l'après-midi eut lieu dans la belle allée de platanes connue des pèlerins de Paray et où l'on avait érigé un autel splendide. Au-dessus de la tête de tous ces enfants de saint François, « les ogives de ces arbres séculaires formaient une sorte de cathédrale naturelle, dont les voûtes élancées invitaient les prières et les chants à monter bien haut (1). » Il est plus facile de deviner que de décrire l'émotion profonde de ces religieux et de ces tertiaires accourus à Paray de tous les points de l'horizon et tous unis dans une même pensée de foi, dans un même sentiment d'amour et de réparation, lorsque le Très Révérend Père Général fit à haute voix la consécration au Sacré Cœur de toute la famille séraphique.

L'abbé Hareux revint de ce pèlerinage avec la résolution de cultiver et de propager avec un nouveau zèle la dévotion au Cœur de Jésus, si riche en ressources surnaturelles et admirablement appropriée aux besoins actuels de l'Eglise et des âmes.

(1) Mgr PERRAUD.

§ V. — *Un mot sur le pèlerinage à Rome et aux
principaux sanctuaires d'Italie.*

Si édifiants que puissent être les détails
relatifs à ces pieuses pérégrinations, dans
lesquels nous avons cru devoir entrer pour
satisfaire de légitimes désirs, nous n'ignorons
pas le grave inconvénient qu'il y aurait à les
prolonger davantage. Ces digressions seraient
en effet un hors-d'œuvre et couperaient trop
le récit de la sainte vie que nous avons entre-
pris de faire connaître. Voilà pourquoi nous
ne dirons ici qu'un mot du pèlerinage de
l'abbé Hareux en Italie. On trouvera à l'appendice, à la fin de ce volume, le récit com-
plet de cet intéressant voyage de dévotion.
Depuis 1872, l'élan était donné, le vent
était aux pèlerinages, les pèlerinages nationaux rentraient dans nos mœurs chrétiennes.
On vit dès lors, tous les ans, des légions de
pèlerins se former aux quatre coins de la
France et se rencontrer, unis dans la prière,
partout où s'élèvent des sanctuaires privilé-
giés. Bientôt on éprouva le besoin de passer
la frontière, d'aller à Rome, vénérer le chef
auguste de l'Eglise, baiser le seuil des temples
saints et les cendres des martyrs.

Ce pèlerinage national à la ville éternelle, l'abbé Hareux l'accomplit en 1876, c'est-à-dire encore à la première heure. Avec une lettre de recommandation de Mgr Bataille, évêque d'Amiens, il emporta avec lui une longue liste d'intentions que des personnes pieuses lui avaient confiées, réclamant ses prières dans les sanctuaires qu'il allait visiter.

Le 26 avril, il eut la consolation de célébrer la sainte messe à Turin, dans l'église du *Corpus Domini*, bâtie en souvenir d'un miracle du Saint Sacrement. Le lendemain, à Gênes, il vénéra le corps de sainte Catherine, la gloire de cette cité. Pise offrit à son admiration ses monuments si justement célèbres. Il fut vivement impressionné à Florence en visitant la cathédrale, dont la coupole est plus large que celle de Saint-Pierre de Rome, en contemplant les tableaux et les mausolées de l'église de Sainte-Croix, et surtout en priant à l'*Annunziata*, à l'endroit où saint Louis de Gonzague, enfant, se consacra à la Sainte Vierge.

Le 30 avril, l'abbé Hareux était arrivé à Rome. Dans la matinée, il honora, dans l'église de la Minerve, la glorieuse dépouille de sainte Catherine de Sienne dont on célébrait la fête ce jour-là. Dans l'après-midi, il se rendit à la basilique de Saint-Pierre au

Vatican, à Saint-Onuphre, puis à Saint-Pierre au Janicule (1).

Il continua, les jours suivants, de vénérer les souvenirs et les reliques des Saints aux lieux de dévotion les plus célèbres. Signalons Saint-Ignace, le Gesù, Sainte-Marie *in Ara Cœli*, la prison Mamertime, Saint-Louis des Français, Sainte-Marie Majeure, Saint-Pierre-ès-Liens. Ajoutons encore : Saint-Jean de Latran, la *Santa Scala*, Sainte-Croix de Jérusalem, Saint-Paul et Saint-Laurent hors des Murs, Sainte-Marie des Monts, Sainte-Cécile et Sainte-Agnès.

Le pèlerinage dont il faisait partie eut l'honneur d'être admis, le 5 mai, à l'audience de Pie IX qui, répondant à une éloquente adresse, recommanda aux Français la pénitence et la persévérance dans les bonnes œuvres.

De Rome, M. l'abbé Hareux fit une intéressante excursion à Naples et aux environs. Au retour, il passa par Assise, où il respira le parfum de sainteté laissé dans cette ville monastique par saint François et sainte Claire. Nous réservons pour l'appendice les détails concernant sa visite au sanctuaire d'Assise et à la *Santa Casa* de Lorette, où notre cher

(1) Son journal de pèlerinage, qui se trouve à l'appendice, permet de le suivre pas à pas à travers les rues de Rome et à ses sanctuaires les plus renommés.

pèlerin eut aussi le bonheur de faire ses dévotions.

A Padoue, il eut la satisfaction de prier, dans sa magnifique basilique, saint Antoine, « le saint à miracles, » aujourd'hui plus populaire que jamais dans notre chère France. Le 16 mai, il était à Venise, ravi d'admiration devant la splendide église de Saint-Marc et le superbe palais des doges. Le lendemain, il vénérait, à Milan, les restes de saint Ambroise et de saint Charles Borromée.

Peu de jours après, l'abbé Hareux était de retour à Amiens et se jetait, l'âme toute dilatée, dans les bras de son père et de ses sœurs si contents de le revoir après un mois d'absence.

« Lorsqu'un pieux voyage se prolonge, surtout en pays étranger, dit un docte et dévot écrivain, il peut offrir un aliment à toutes les facultés de l'âme, atteindre un triple but, suivant qu'on se propose, soit de nourrir le cœur et de fortifier la volonté par la dévotion, soit d'éclairer l'intelligence et d'enrichir la mémoire par l'étude, soit de satisfaire la légitime curiosité et l'esprit par la visite aux sanctuaires renommés (1). »

M. l'abbé Hareux se proposait, avant tout,

---

(1) Le R. P. BLOT, *Un pèlerinage en Espagne*, t. I, *Le voyage au pays de sainte Thérèse*, p. 16.

le premier de ces trois buts. Ses pèlerinages n'étaient pas seulement des récréations religieuses, très utiles, parfois même nécessaires pour délasser l'esprit et reposer doucement le cœur. Ce n'était pas seulement non plus un moyen de s'instruire et d'ouvrir à son intelligence de plus vastes horizons : ce qu'il avait principalement en vue, c'était de s'édifier, de raviver sa foi et sa ferveur, d'affermir sa volonté dans le bien, d'exciter son amour pour Dieu, sa dévotion envers Notre-Seigneur, la Sainte Vierge et les Saints. Ce but, il l'atteignit. Il sentit se réaliser en sa personne ces paroles du pieux auteur cité plus haut : « Tout pèlerin instruit, qui s'arrête près d'un corps saint qu'il visite, ou qui s'en écarte un peu pour méditer, et qui préfère se livrer tranquillement à ses réflexions que de satisfaire en courant sa curiosité, ne tarde pas à sentir la présence spirituelle et la bienveillante assistance de l'âme bienheureuse qui vivifia ce corps et qui lui communique déjà un rayon de la gloire dont elle jouit au ciel (1). »

(1) R. P. Blot, ouvrage déjà cité, p. 23.

CHAPITRE VIII

« Le suprême moyen de renouvellement et
de sanctification pour un prêtre, en quelque
état qu'il puisse se trouver, est incontestable-
ment la grâce d'une retraite (1). » C'est dans
la retraite que le bon prêtre ranime sa ferveur qui s'était assoupie, pose les bases d'une
vie plus sainte et ravive le feu de son zèle.
Quant au saint prêtre, il y reçoit des grâces
plus abondantes. Déjà fervent, il devient
plus fervent encore et saintement avide de la
perfection sacerdotale qui fait ses délices.

Outre la petite retraite à laquelle il était
fidèle le premier vendredi de chaque mois,
l'abbé Hareux faisait tous les ans une retraite
de six jours, afin de retremper son âme et de
donner à sa volonté un nouvel élan. Lorsqu'il
était empêché de suivre la retraite ecclésiastique au Grand Séminaire, il y suppléait par
une retraite particulière.

(1) Dubois, *Le saint Prêtre*, III⁰ partie, ch. x, p. 479.

Son journal spirituel nous révèle les dispositions dans lesquelles il faisait ces saints exercices et les fruits qu'il en recueillait. Quelques extraits suffiront pour aider le lecteur à pénétrer au fond de cette belle âme de prêtre et à y suivre le travail de la grâce.

Retraite de 1872.

Pendant la seconde semaine d'octobre 1872, au cours de sa retraite, il écrivait ces lignes tout embaumées des parfums d'Ars et de la Salette dont il venait de faire le pèlerinage :

« Je n'avancerai réellement dans la vertu et je ne travaillerai efficacement au salut des âmes qu'autant que je serai avancé et fervent dans l'oraison. Elle est plus utile encore que l'étude pour convertir les pécheurs.

« Je ferai la méditation tous les jours avec respect, en tenant mon corps dans une posture modeste et recueillie ; avec ferveur, en appliquant mon esprit et mon cœur au sujet de l'oraison. Je ferai aussi tous les jours, matin et soir, mon examen particulier. Je n'oublierai pas que la perfection consiste à bien faire les actions ordinaires. Je ferai chaque chose comme si je n'avais que celle-là à faire.

« Pour sauver beaucoup d'âmes, j'aurai

une grande dévotion au Sacré Cœur et à la
Sainte Vierge ; elle m'aime tant, cette bonne
Mère, et me porte tant d'intérêt !

« Dans mes sermons, mes prônes, mes instructions, je m'appliquerai avant tout à instruire, à être pratique, à me mettre à la portée
de mon auditoire ; j'éviterai trop d'ornements
dans le style, sacrifiant mon amour-propre
au bien des âmes.

« Je m'appliquerai à la pénitence, et je
mortifierai surtout mon goût, mon appétit,
l'amour de mes aises ; je pratiquerai aussi la
mortification par une grande exactitude à
tous mes devoirs d'état et en faisant toujours
passer l'utile avant l'agréable.

« Si, en donnant tout à Dieu, nous lui
donnons peu et si nous sommes des serviteurs
inutiles, que sera-ce de refuser ce peu ou de
le partager avec la créature ?

« Quelle joie pour le juste à l'heure de la
mort ! Les labeurs, les maladies, les macérations de la chair, les souffrances, tout est
passé, s'écrie-t-il avec allégresse, et il en reste
un souvenir consolant. Les plaisirs coupables
seraient aussi passés, et il n'en resterait que
le remords !

« Je remplirai avec exactitude mes devoirs
de piété. Je pratiquerai l'humilité et la mortification, et je ferai toutes mes actions pour
plaire au bon Dieu. Je ne me contenterai pas

d'être un *bon prêtre*, je veux être un *saint prêtre*. Oui, je veux être un *saint*, et un *grand saint*, et *promptement*. Il faut que je devienne tellement saint qu'on puisse dire de moi, rien qu'en me voyant, que je donne du bon Dieu.

« Quand le bon Dieu veut favoriser une paroisse, il lui envoie un saint prêtre, un prêtre selon son cœur. O mon Dieu ! puissè-je être ce prêtre pour la communauté qui m'est confiée ! Quelle consolation pour moi de penser que je puis être pour elle un don et une faveur de votre miséricorde ! »

Retraite de 1873.

Ce fut un vicaire général de Montpellier, M. le chanoine Lamothe, qui prêcha la retraite ecclésiastique au Grand Séminaire d'Amiens, au mois d'août 1873. M. Hareux la suivit avec application et profit. Voici comment il épanche son âme : « Encore une retraite, ô mon Dieu ! encore une nouvelle grâce que, dans votre miséricorde pour moi, vous daignez m'accorder. Faites que je sache bien en profiter et que cette retraite soit excellente pour moi et pour tous mes chers confrères. Le prêtre a une si grande responsabilité, et des intérêts si graves lui sont confiés ! Il a tant besoin de grâces toutes spéciales pour bien correspondre à sa sainte vocation et s'acquitter dignement de son ministère !

« O mon Dieu ! vous voyez le fond de mon âme, vous savez l'extrême désir que j'éprouve d'être un prêtre selon votre cœur, et cela dans la force du terme ; un prêtre comme saint François de Sales, saint Vincent de Paul, saint Charles Borromée, M. Olier, le curé d'Ars. Cette grâce que je vous ai demandée dans ma dernière retraite, je vous la demande avec plus d'instances que jamais. Que je sois véritablement pour les âmes qui me sont confiées une preuve de l'amour tout spécial que vous leur portez ; que l'on puisse dire de moi que *je sens le bon Dieu et que je donne du bon Dieu.*

« Pour arriver à ce résultat, renouvelez en moi la grâce de mes différentes ordinations, celle de la tonsure, des ordres mineurs, du sous-diaconat, du diaconat et de la prêtrise. Ces différentes grâces feront de moi un prêtre saint, un prêtre qui enfantera des âmes pour le ciel...

« J'ai examiné pendant cette retraite mes résolutions de l'année dernière et vu ce qui me manque encore ; je tâcherai de l'acquérir. Je veillerai en particulier sur mon oraison, je serai plus mortifié et plus pénitent. La pénitence et la mortification coûtent à la nature, mais quelles consolations elles apportent au cœur généreux !

« J'aimerai le travail et j'emploierai surtout la matinée à une étude sérieuse inspirée par la charité. Je donnerai mes soins à toutes les âmes sans aucune distinction ; et si je dois avoir des préférences, elles seront particulièrement pour les pauvres. Un bon prêtre doit beaucoup aimer les pauvres...

« J'aimerai beaucoup mes confrères ; je serai heureux et très heureux du bien qui s'accomplira par leur ministère. Pourvu que la gloire de Dieu soit procurée, peu m'importe l'instrument dont le Seigneur se servira. Si je vois que l'on me témoigne moins de confiance qu'à d'autres, j'en serai heureux ; s'il plaît au Seigneur de me laisser dans un rang inférieur tandis que les autres seront plus élevés que moi, j'en serai satisfait. Mon plus grand et mon unique bonheur sera de voir Dieu connu, aimé et servi. »

Ceux qui ont le mieux connu M. l'abbé Hareux savent combien il demeura fidèle à de si généreuses résolutions. Sa conduite fut toujours en parfaite conformité avec les paroles qu'on vient de lire et qui révèlent une âme très avancée dans la perfection.

Retraite de 1874.

C'est sous les auspices des Saints Cœurs de Jésus et de Marie que le digne aumônier des religieuses de Louvencourt commence sa retraite de 1874. Il commente d'abord avec beaucoup d'onction, en se l'appliquant à lui-même, le texte du psaume LXXXIV, 9 : *J'écouterai ce que le Seigneur me dira au fond du cœur.* Viennent ensuite d'excellentes considérations sur la nécessité de chercher à connaître son défaut dominant et d'avoir un bon directeur ; sur le lever matinal à heure réglée, la mortification dans les repas et la réserve dans les rapports avec le monde ; sur le zèle sacerdotal, qui doit être sage et persévérant, sans se laisser décourager par l'insuccès.

Que de prêtres, que de pasteurs d'âmes, surtout de nos jours, ont besoin de méditer cette parole qui encourage et console : « Il y « a plus de mérite à travailler sans succès « pour la gloire de Dieu qu'à y travailler « avec succès : l'amour-propre n'y trouve pas « son aliment ! »

« Dans les tentations, se rappeler qu'un signe de croix est un coup de bâton sur les reins du démon. »

Dans ces pages intimes, tout imprégnées

de la piété la plus solide et la plus tendre,
nous trouvons cette comparaison, aussi juste
qu'ingénieuse, qui fait toucher pour ainsi
dire du doigt les effets et par là même la
nécessité de la méditation : « La méditation
est un entretien de l'âme avec Dieu pour en
devenir meilleur. L'âme qui ne médite pas
ressemble à un ballon non gonflé : tout est à
terre, ballon, amarres, nacelle. L'âme qui
médite, mais avec peu de soin, ressemble au
ballon gonflé, mais retenu captif par des
mains vigoureuses : il oscille, il tend à monter, mais il ne le peut pas. Enfin, l'âme, le
prêtre qui médite bien, ressemble au ballon,
lorsque l'intrépide aéronaute a prononcé les
mots : « Lâchez tout. » Le ballon s'élève dans
les régions supérieures vers lesquelles il est
appelé, et il enlève avec lui cordages, amarres,
nacelle, lest, aéronaute ; tout monte vers le
ciel. »

Voici les résolutions qui suivent cette retraite ; elles portent la date du 21 août 1874 :

« 1° J'apporterai la plus grande exactitude
à remplir mes devoirs de piété. Je veillerai
d'une manière plus particulière que je ne l'ai
fait jusqu'ici à la préparation de ma méditation dès la veille au soir, et j'aurai soin de
ne pas m'occuper d'autre chose que du sujet
de l'oraison jusqu'au lendemain matin. Je
m'appliquerai aussi à l'examen particulier,

sans lequel on retire peu de profit de la méditation.

« 2° J'aurai soin de me mortifier surtout dans les choses qui ne nuisent en rien à la santé ; je pratiquerai en particulier une petite mortification à chaque repas.

« 3° J'éviterai tout ce qui pourrait tant soit peu blesser la chasteté ou la charité, et je m'adonnerai sérieusement à l'étude, surtout à l'étude des sciences ecclésiastiques.

« 4° Je serai fidèle à ma retraite du mois, le premier vendredi de chaque mois. »

Retraite de 1875.

Pendant ces saints exercices, donnés par le R. P. Lefèbvre, S. J., notre fervent retraitant étudie Notre-Seigneur, le prêtre par excellence, dans sa vie cachée à Nazareth et dans sa vie publique. Il l'étudie : dans ses rapports avec son Père, passant les nuits en prière, faisant la volonté et cherchant en tout la gloire de son Père céleste ; dans sa manière d'agir, où tout respire la douceur et l'humilité ; dans ses relations avec le prochain, recherchant de préférence les petits, les enfants, les pauvres, les malades, les pécheurs.

A la fin de cette retraite, l'abbé Hareux se propose d'employer les secrets suivants indiqués par le Révérend Père prédicateur :

« S'appliquer à faire tout pour Jésus, en Jésus et comme Jésus le faisait.

« Parler (ou écrire) sa méditation ; dire son bréviaire avec le saint du jour ; saluer Marie au premier *Ave Maria* à chaque dizaine de chapelet ; commencer sa lecture spirituelle par le signe de la croix et en retenir au moins une phrase.

« Dans les visites au Saint Sacrement, parler à Jésus présent dans l'Eucharistie d'une manière appropriée au temps liturgique (au temps de Noël, comme à un petit enfant, etc.). Si l'on était tenté contre la pureté, réciter trois *Ave Maria* en l'honneur de l'Immaculée Conception de la Sainte Vierge. (Ce remède est souverain.) »

Le pieux aumônier goûta extrêmement le saint Jésuite. « Je m'appliquerai à prêcher comme le P. Lefèbvre, d'une manière très pratique, très solide, très nourrie de l'Evangile. J'en demanderai souvent la grâce à la Sainte Vierge. »

Retraite de 1876.

Trois mois après son pèlerinage aux sanctuaires de Rome et de l'Italie, l'abbé Hareux retrempa de nouveau son âme dans la retraite prêchée cette année-là encore par un fils de saint Ignace, le R. P. Jouan. Les lignes suivantes nous font connaître les dispositions de son âme :

« Je penserai souvent à la présence de Dieu.

« Je me préparerai par l'oraison à dire la sainte messe et, autant que possible, je me ménagerai quelques minutes de récollection avant de monter à l'autel.

« Je m'efforcerai de me détacher chaque jour de plus en plus des créatures.

« Je veux devenir homme de prière : on ne se fait pas assez une juste idée de la puissance de la prière.

« Je soignerai davantage mon examen particulier et je serai plus mortifié dans mes repas.

« Il faut *absolument* que je sois fidèle à la pratique de la retraite du mois.

« Je relirai souvent mes résolutions de cette année et celles des années précédentes.

« Je veux tendre à la perfection en toutes choses, particulièrement sous le rapport de la charité.

« Je pratiquerai avec soin l'humilité.

« Je veux désormais m'abandonner complètement à la Providence, me laisser diriger par elle en toutes choses, comme un petit enfant se laisse diriger par sa mère.

« Je m'efforcerai de pratiquer l'indifférence pour les postes où il plaira à mes supérieurs de m'envoyer, étant persuadé que ce sera là où je ferai le plus de bien.

« Autant que possible, je ferai le chemin de la croix chaque semaine.

« O mon Dieu, merci de cette retraite. Daignez accepter mes résolutions ; je vous les offre par les mains bénies de Marie, ma très douce mère ; faites que j'y sois très fidèle. »

Retraites de 1877 et de 1878.

Plusieurs des pensées et des résolutions qui précèdent se retrouvent dans les notes des retraites de 1877 et 1878 prêchées, la première par le R. P. Berthe, Rédemptoriste, l'éminent auteur de *Garcia Moreno*, et la seconde par le T. R. P. Le Doré, supérieur général des Eudistes.

Afin d'éviter des redites qui fatigueraient le lecteur, citons seulement quelques lignes :

« Sans mortification pas d'oraison, et sans oraison pas de sainteté. — Pour bien faire sa méditation, il faut s'habituer à vivre dans le recueillement, en la présence de Dieu, en pensant à Notre-Seigneur. — Marie a une puissance toute particulière pour convertir les pécheurs et sauver les âmes.

« Le devoir du pasteur est de nourrir ses brebis par la parole, par l'exemple et par la prière.

« Je prierai beaucoup. J'aurai une tendre et toute filiale dévotion envers la Sainte Vierge, et je lui recommanderai les pécheurs que j'aurai à convertir.

« O mon Dieu, faites que je mette à profit la grâce insigne de cette retraite, et qu'elle soit pour moi le principe d'une vie toute nouvelle.

« Et vous, ô Marie, ma tendre mère, bénissez-moi, bénissez mes résolutions. Accordez-moi la grâce de faire connaître et aimer votre divin Fils, de lui gagner des âmes; accordez-moi la grâce d'aller vous rejoindre au ciel, ô bonne mère, et de jouir avec vous de ce bonheur ineffable pour lequel nous avons tous été créés. Ainsi soit-il. »

Retraites de 1879 et des années suivantes.

Chaque retraite disposait dans le cœur de l'abbé Hareux de nouvelles ascensions vers les sommets de la perfection sacerdotale. En 1879, il est tout absorbé par le désir d'avancer dans l'esprit d'oraison et par la pensée de l'éminente dignité du prêtre. Edifions-nous encore en l'écoutant épancher son âme, dans le secret de sa cellule, aux pieds de son crucifix : « O mon Dieu, je veux aimer l'oraison, la vie de prière. Ne vaut-il pas cent mille fois mieux converser avec vous qu'avec les créatures? »

Le *Traité des saints Ordres*, par M. Olier, fournit à notre cher retraitant d'excellentes considérations sur le sacerdoce : « Oh ! qu'elle est élevée la condition des prêtres ! On doit les regarder comme des prodiges et des chefs-d'œuvre de la main de Dieu, dans lesquels Jésus-Christ qui veut vivre en eux en qualité de chef, continue les fonctions qu'il a commencées sur la terre, et qu'il désire encore, étant au ciel, accomplir dans son Eglise. »

« On ne s'approche guère des saints prêtres qu'on ne soit touché de Dieu et qu'on n'en reçoive quelque grâce, à cause de la présence de celui qui est en eux et qui, par eux, continue toujours d'agir dans son Eglise... Autant la vie du bon prêtre est heureuse ici-bas, autant sa gloire sera grande un jour dans le ciel ; mais aussi, autant est malheureuse la vie du prêtre infidèle à sa vocation, autant son sort sera un jour épouvantable dans l'éternité. »

L'abbé Hareux savait que si les divers exercices religieux sont d'excellents moyens de se sanctifier, « le moyen d'être fidèle à ces moyens, c'est l'examen. » (R. P. Valuy, *Le Directoire du Prêtre*, p. 13.) De là cette résolution qu'il renouvelle souvent :

« J'apporterai un soin tout spécial à mon examen particulier. Le matin, je prévoirai les occasions où je pourrai avoir à appliquer le point qui fera l'objet de cet examen, et je noterai mes manquements sur une petite feuille. »

Pour clore ce chapitre, citons encore quelques pensées et quelques résolutions du journal de ses dernières retraites : « Le prêtre doit être, comme Jésus-Christ, non seulement sacrificateur, mais aussi victime. Je me mortifierai davantage, par exemple : en acceptant tout sans me plaindre, en m'abstenant de dire une parole qui me ferait plaisir, en me privant de regarder un objet dont la vue me serait agréable, etc.

« Je m'efforcerai de me détacher complètement des créatures pour ne m'attacher qu'à Dieu seul : c'est là seulement que je trouverai le vrai bonheur. Si j'étais bien avancé dans la perfection, il me serait impossible de trouver aucun plaisir dans les créatures.

« Je m'appliquerai à me soumettre en toutes choses à la volonté du bon Dieu, et je ne chercherai de plaisir que dans l'accomplissement de cette volonté adorable.

Sur la foi. — « Le prêtre a surtout besoin d'un grand esprit de foi pour saisir l'invisible qui est comme son domaine spécial. La foi lui fait voir Dieu dans l'oraison, dans le bréviaire, dans la sainte messe, dans les fidèles ; la foi lui fait voir le ciel comme récompense de ses travaux.

Sur la prière. — « Le prêtre rencontre devant lui, surtout à notre époque, l'impossible. C'est par la prière, pourvu qu'elle soit humble et confiante, qu'il triomphera de l'impossible.

Sur l'Eucharistie. — « La dévotion à la sainte Eucharistie est le principe et la source de tous les dévouements.

Résolution générale et principale. — « Je servirai le bon Dieu avec une grande simplicité et une grande dilatation de cœur, évitant le relâchement, mais aussi le scrupule et tout ce qui pourrait mettre le trouble dans mon âme. *Servite Domino in lætitia. Viam mandatorum tuorum cucurri, quia dilatasti cor meum.*

Résolutions particulières. — « Je repasserai, autant que possible, tous les jours quelques pages de théologie.

« Je m'arrangerai de manière à faire ma lecture de piété quotidienne alternativement (ou même simultanément) dans la vie d'un saint et dans un ouvrage d'ascétisme, principalement dans un livre traitant des devoirs du prêtre.

« Je ne dirai jamais de mal de personne, même quand le mal est public, à moins qu'il n'y ait une bonne raison de le faire.

« Je relirai mes résolutions le premier vendredi de chaque mois, jour où je ferai la retraite du mois.

« O mon Dieu, je vous offre ces résolutions que je porte sur moi au saint autel ; daignez les rendre efficaces par votre grâce et leur faire produire des fruits de salut. O Marie, que j'aime tant ! je vous demande la même faveur avec votre maternelle bénédiction. »

CHAPITRE IX

La vie d'un aumônier de communauté religieuse est naturellement uniforme ; chaque
jour ramène les mêmes occupations ; les
semaines et les mois se suivent et se ressem-
blent beaucoup. Cette monotonie convenait
peu au tempérament de l'abbé Hareux. Il
fallait de temps à autre y faire diversion.
L'époque des vacances était favorable pour
des voyages également salutaires au corps et
à l'âme. Nous savons que le digne aumônier
aimait à donner à ses voyages un but de piété
et nous l'avons suivi déjà dans ses premières
pérégrinations en France et en Italie.

A la fin du mois d'août 1877, il alla passer
quelques jours en Lorraine où l'attendait
une famille amie. En s'arrêtant à Laon, il
eut la consolation de vénérer l'image miraculeuse de la Sainte Face de Notre-Seigneur,
conservée dans la cathédrale du xii⁰ siècle,
qui élève ses deux tours majestueuses sur le
sommet de la colline où la ville est bâtie. La

station qu'il fit à Reims lui permit de retremper sa foi et son patriotisme dans les grands souvenirs qui sont l'apanage de la cité de Saint-Remi.

A Nancy, sa piété envers la Sainte Vierge l'attira surtout vers l'église de Notre-Dame de Bon-Secours, centre d'un pèlerinage très fréquenté. Ce sanctuaire a été reconstruit sur un plan plus vaste et orné par le dernier duc de Lorraine, Stanislas Lekzinski, ancien roi de Pologne, qui offrit à la Reine du ciel le sceptre et la couronne avec lesquels il avait été sacré roi. On y voit le magnifique mausolée de ce prince et celui de sa digne épouse, Marie Opalinska. Le cœur de leur fille, Marie Leczinska, femme du roi de France Louis XV, y fut aussi déposé en 1768, selon le vœu de cette pieuse reine.

Après avoir prié en ce lieu de dévotion, l'abbé Hareux poursuivit son voyage jusqu'à Metz. On devine le serrement de cœur qu'il éprouva en visitant cette partie de la Lorraine violemment séparée de la France. A son retour il passa par Meaux, non sans donner un souvenir à Bossuet. Il eut la joie, en arrivant à Paris, de trouver son père et l'une de ses sœurs venus à sa rencontre.

Au mois de septembre 1878, nous trouvons M. l'Aumônier de Saint-Acheul au Congrès catholique de Soissons.

Pendant les vacances de l'année suivante, ce fut vers la Bretagne, vers le sanctuaire de Sainte-Anne d'Auray qu'il dirigea ses pas. Le 16 septembre, dans l'après-midi, il arriva à Chartres. Sa première visite fut pour la cathédrale, Notre-Dame de Chartres, dont un de ses plus illustres fils, le cardinal Pie, a dit : « On pourra voir quelque chose de plus beau au ciel, mais sur la terre, non ! » Cette merveilleuse basilique a été bâtie au-dessus d'une grotte où les Druides rendaient un culte « à la Vierge qui devait enfanter. » Le 17, M. Hareux obtint la faveur de dire la messe, dans la vaste crypte récemment restaurée, à l'autel de Notre-Dame Sous-Terre. A l'église supérieure il vénéra la Vierge du Pilier et aussi, dans la sainte châsse où elle est renfermée, la précieuse tunique de la mère de Dieu, relique insigne que Chartres se glorifie de posséder depuis le ixe siècle.

Le lendemain 18, c'est de l'ancienne capitale de l'Anjou qu'il écrit à sa famille : « Hier, à notre arrivée à Angers, nous sommes allés voir Mgr Maricourt qui a eu la bonté de nous piloter (1). Il nous a fait visiter surtout le

(1) Dans ce voyage l'abbé Hareux avait pour compagnon le vénérable abbé Estienne, aujourd'hui chanoine honoraire, aumônier du pensionnat de Sainte-Philomène que dirigent, à Amiens, les Fidèles Compagnes de Jésus.

palais de l'Université catholique... Le temps est beau ; nous partons tout à l'heure pour Nantes. »

Une lettre datée de Nantes, 19 septembre cinq heures et demie du matin, nous apprend que nos pèlerins vont célébrer le saint sacrifice chez les Fidèles Compagnes de Jésus. L'obligeant aumônier de ces bonnes religieuses leur fit ensuite visiter les principaux monuments de cette grande ville. A la cathédrale, ils admirèrent les magnifiques mausolées de François II de Bretagne et de La Moricière.

Le soir du même jour, l'abbé Hareux envoie encore quelques lignes à sa famille : « Nous voici à Guérande, petite ville où l'on aperçoit la mer de tous côtés. Nous avons vue sur Pornichet, le bourg de Batz, le Croisic, Pouliguen. C'est ici le pays du sel qui, cette année, ne sera pas abondant, parce qu'il faut du temps assez sec pour le recueillir. »

Le 20 septembre nos voyageurs visitèrent le vaste port de Saint-Nazaire avec ses bateaux transatlantiques desservant l'Amérique du Sud.

Ces dignes religieuses ont fondé, sous le patronage de l'Immaculée Conception, une seconde maison d'éducation dans la ville d'Amiens, berceau de leur institut.

Sainte-Anne d'Auray.

Nous n'avons pas à refaire ici l'historique détaillé de Sainte-Anne d'Auray, le grand pèlerinage des Bretons et l'un des pèlerinages nationaux de France. Il ne sera peut-être pas inutile toutefois d'en retracer un rapide aperçu.

Dès les premiers temps où le christianisme y prit racine, la Bretagne aux mœurs simples et patriarcales honora d'un culte spécial l'épouse du patriarche saint Joachim. Au pays des Venètes, aujourd'hui le Morbihan, à trois lieues de Vannes et une lieue d'Auray, s'élevait une chapelle dédiée à la mère de la Sainte Vierge, et qui avait donné son nom au hameau voisin, *Ker Anna,* village d'Anne. A la fin du viie siècle, ce sanctuaire fut détruit par des bandes de pillards qui dévastèrent la contrée; mais de vagues traditions entretinrent dans les cœurs la piété envers la Sainte qui fut l'aïeule de Jésus.

Aussi bien un phénomène extraordinaire contribuait à perpétuer dans le pays le souvenir de la chapelle : jamais sur son emplacement on ne put faire passer le soc de la charrue. En vain on renouvela cent fois l'épreuve : les bœufs, arrivés à la limite du terrain, refusaient d'avancer en dépit de l'aiguillon qui les pressait. Les habitants disaient : « C'est l'endroit de la chapelle, ce lieu est sacré. »

Le prodige persista jusqu'à l'année 1623. Ce fut alors que sainte Anne choisit pour être l'instrument de la tardive restauration de son sanctuaire un simple villageois, homme juste et fervent chrétien. Il se nommait Yves Nicolazic. La volonté céleste lui fut manifestée par une suite de circonstances surnaturelles. Souvent, au sein d'une douce lumière, lui apparaissait une dame d'un aspect majestueux, vêtue d'une longue robe éblouissante de blancheur. C'était sainte Anne. Elle lui révéla son nom et lui dit de s'employer à faire reconstruire sa chapelle. Après bien des contradictions cet ordre fut exécuté.

La reine Anne d'Autriche fut une des principales bienfaitrices du nouveau sanctuaire. Pie IX a mis le comble aux gloires de Sainte-Anne d'Auray, en autorisant son couronnement, qui eut lieu le 30 septembre 1868, par les mains de Mgr Bécel, évêque de Vannes.

L'abbé Hareux et son compagnon de voyage arrivèrent le 20 septembre, vers trois heures de l'après-midi, à ce lieu de dévotion où il leur tardait d'offrir leurs prières et leurs vœux. La magnificence du sanctuaire est digne de la catholique Bretagne. Les vitraux retracent la vie de sainte Anne, ainsi que ses hauts faits à *Ker Anna*. Les armoiries peintes sur les voûtes et sur les piliers redisent la royale histoire du grand pèlerinage, et aux vieux murs de l'église sont appendus de nombreux ex-voto. « C'est l'histoire intime de la Bretagne, l'histoire de ses douleurs, de ses espérances et de ses joies ; c'est l'affirmation permanente de la foi d'un grand peuple (1). »

Dans une lettre de M. Hareux, datée de Sainte-Anne d'Auray, le 21 septembre, nous lisons : « ... Nous sommes descendus chez M. l'Aumônier et nous prenons nos repas à la communauté. Aujourd'hui nous avons dîné au Petit Séminaire. Je viens de prêcher aux enfants du pensionnat. Demain les Pères Jésuites viendront en pèlerinage à Sainte-Anne. Je dirai la messe à la basilique, particulièrement pour notre famille. Je pense souvent à vous. Grâce à vos bonnes prières mon voyage se poursuit toujours très heureusement. »

L'abbé Hareux fit une excursion très intéressante aux environs d'Auray. Il visita d'abord le Champ des Martyrs et le monument élevé à la mémoire des victimes de

____

(1) Mgr FREPPEL, discours prononcé à la cérémonie du couronnement de sainte Anne d'Auray.

Quiberon. C'est là que, en 1795, tombèrent comme tombent les héros, les braves émigrés débarqués sur la presqu'île de Quiberon au nombre de 952. La solitude et le silence, les sombres sapins, le vent qui gémit dans le feuillage, la colonne de granit surmontée de la croix, le temple expiatoire et la chapelle sépulcrale : tout concourt à remplir l'âme d'une religieuse émotion que les éloquentes inscriptions rendent encore plus vive : « *Hic ceciderunt :* c'est ici qu'ils tombèrent. — *In memoriâ æternâ erit justus :* la mémoire des justes sera éternelle. — *Gallia mœrens posuit :* la France en pleurs a érigé ce monument. — *Pro Deo et pro Rege nefarié trucidati :* c'est pour Dieu et pour le Roi qu'ils ont été indignement massacrés (1). »

L'abbé Hareux et son compagnon s'arrêtèrent un moment à l'ancienne Chartreuse voisine d'Auray, convertie en hospice de sourdes-muettes. De là ils se rendirent aux célèbres monuments mégalithiques appelés les alignements de Carnac. Ces menhirs présentent trois groupes et sont au nombre d'environ deux mille, dont plusieurs atteignent jusqu'à cinq mètres de haut; ils constituent une armée de granit et comme une forêt

(1) Voir *Normandie et Bretagne,* par le chanoine (depuis Mgr) C. PIERAERTS et le chanoine E. BEAUVOIS; Louvain, Peeters, 1876.

pétrifiée. Nos voyageurs montèrent ensuite sur le tumulus que domine une chapelle de Saint-Michel et d'où le regard embrasse le mont et toute la baie de Quiberon.

« Le lendemain mardi, continue la lettre, jour de la cérémonie religieuse chez les Fidèles Compagnes, nous avons dîné avec Mgr l'évêque de Vannes. Je me trouvais placé à côté de Mgr Trégaro qui a manqué d'être nommé évêque d'Amiens. Mercredi nous sommes partis pour Rennes où nous avons couché. »

A Rennes, les deux aumôniers picards visitèrent la cathédrale, remarquable surtout par ses peintures artistiques et sa riche décoration. L'église Saint-Sauveur offrit à leur admiration son maître-autel à baldaquin et ses tableaux anciens. Ils n'oublièrent pas Notre-Dame en Saint-Melaine, ancienne église abbatiale dont le clocher est dominé par une statue dorée de la Sainte Vierge. Ils se rendirent ensuite au Thabor, la principale promenade de Rennes, où se dresse la statue de Du Guesclin.

Nous n'avons pas à redire les impressions qu'ils éprouvèrent le lendemain au Mont Saint-Michel, en présence de la majestueuse basilique et de l'abbaye-forteresse si justement nommée « la merveille de l'Occident. »

Le vendredi 26 au soir, l'abbé Hareux

écrit : « Enfin nous sommes arrivés aujour-
d'hui à Pontmain où nous comptons dire
demain la sainte messe. Nous avons visité la
magnifique basilique, encore inachevée de
Pontmain ; la grange où se trouvaient les
enfants lors de l'apparition, l'enclos qui
entoure la basilique et où l'on s'occupe de
représenter en petit Lourdes et la Salette. Il
me faudra du temps pour raconter tout ce
que j'ai vu dans mon voyage. Nous partirons
demain pour Laval. »

Ce fut dans cette ville « très religieuse » et
d'où il rapporta la meilleure impression, que
M. l'abbé Hareux passa la journée du dimanche 28. Il fut très édifié de la manière dont
les offices y étaient suivis. Il célébra la messe
à la cathédrale, édifice peu monumental, de
forme irrégulière, où le style gothique se
mêle à celui de la renaissance. Nous ne
pouvons le suivre que très rapidement à
l'église Saint-Vénérand, intéressante par son
portail bizarre et ses vitraux anciens, et à la
chapelle des Carmélites, belle construction
moderne dans le style gothique du xɪɪɪᵉ siècle,
dont les riches verrières racontent la vie de
sainte Thérèse et l'histoire du Carmel.

Les deux jours suivants, nous trouvons
notre cher pèlerin dans les deux villes les
plus intéressantes de la Normandie, à Caen
et à Rouen, dont son carnet de voyage indi-

que les principales curiosités. Le mercredi 1ᵉʳ octobre, il était de retour à Amiens. L'âme reposée, l'esprit orné de nouvelles connaissances, le cœur dilaté et enflammé d'un nouveau zèle, il reprenait son ministère de charité et de dévouement.

CHAPITRE X

L'abbé Hareux est nommé vicaire a Saint-Jacques d'Amiens. — Zèle pour les âmes. — Charité et dévouement pour les pauvres, les malades, les enfants.

Pour être obscur et caché aux yeux des hommes, le ministère de l'aumônier de Saint-Acheul n'en était pas moins béni de Dieu, et la modestie de l'abbé Hareux se plaisait dans cet humble poste où il faisait du bien. Toutefois, sa santé s'étant notablement améliorée, les supérieurs ecclésiastiques jugèrent que le zèle de ce prêtre si pieux et si intelligent était trop à l'étroit, qu'il lui fallait un théâtre plus vaste pour se déployer plus à l'aise et atteindre un plus grand nombre d'âmes.

Au mois d'octobre 1881, M. Hareux fut nommé vicaire de l'importante paroisse de Saint-Jacques d'Amiens. S'il en coûta beaucoup à son cœur de père et d'apôtre de se séparer de sa chère famille spirituelle de Louvencourt, son départ fut, pour les religieuses et les enfants de l'orphelinat, un sujet d'amers regrets. Il ne laissa pas de porter toute sa vie le plus affectueux intérêt à l'Institut des Dames de Louvencourt et à leurs œuvres si précieuses pour notre diocèse. On n'a pas oublié les comptes rendus si édifiants qu'il donnait dans le *Dimanche*, des réunions de l'Adoption. Lui-même fut un des premiers soutiens de cette œuvre si digne de sympathie, justement confiée aux dignes filles de Mademoiselle de Louvencourt, qui possédait à un degré éminent la charité pour le pauvre et l'orphelin.

Le vicaire de Saint-Jacques inaugura son nouveau ministère le 15 octobre. C'était un samedi et c'était le jour de la fête de sainte Thérèse. Pouvait-il commencer la seconde moitié de sa vie sacerdotale sous de plus heureux auspices ? A un amour tout filial envers la Sainte Vierge, l'abbé Hareux unissait une dévotion toute particulière pour la séraphique Thérèse de Jésus, ce docteur et ce modèle incomparable de la vie intérieure, de l'oraison, de l'amour de Dieu et du zèle apostolique. Sans doute il aimait tous les Ordres religieux, mais une de ses prédilections était pour le Carmel réformé. Comment d'ailleurs un prêtre instruit, pieux et zélé comme l'était le nouveau vicaire de Saint-Jacques, ne se serait-il pas senti attiré tout spécialement vers le Carmel de sainte Thérèse, institué, comme on le sait, pour venir

en aide aux ouvriers évangéliques, aux dé-
fenseurs de l'Eglise et aux pasteurs des âmes,
par la prière et le sacrifice, par l'expiation
réparatrice, ayant pour base nécessaire la
pénitence, et pour complément la charité,
d'où elle tire son plus grand prix? Une de
ses plus douces joies était d'assister aux
pieuses cérémonies célébrées dans la chapelle
des Carmélites. Plus d'une fois, il nous a con-
fié que, si le mauvais état de sa santé le for-
çait à prendre sa retraite dans sa famille, ce
lui serait une grande consolation de dire la
messe dans la chapelle des Filles de sainte
Thérèse, parce qu'il affectionnait beaucoup
ce petit sanctuaire modeste et pauvre, mais
si dévot et tout embaumé des parfums de la
prière fervente et de l'amour pénitent et im-
molé.

On ne doit pas s'attendre à trouver ici le
récit détaillé de tout ce qu'a fait l'abbé
Hareux pendant les onze années qu'il a pas-
sées à Saint-Jacques. Du reste, comme pour
ce qui concerne son ministère à l'Orphelinat
de Saint-Acheul, on en connaît seulement ce
que sa modestie n'a pu réussir à dérober aux
regards humains. « Essentiellement homme
du devoir parfaitement compris et toujours
ponctuellement accompli, il remplit les fonctions qui lui furent dévolues avec un grand
esprit de foi. Son cœur naturellement pieux

offrait largement à Dieu le tribut de prières
et de sacrifices que son service réclamait ;
mais parce qu'il était d'une exquise bonté, il
sut se faire tout à tous (1). » Obéissant, rempli
de la plus respectueuse déférence à l'égard de
ses supérieurs, et avec cela très bon confrère,
il n'eut jamais que les meilleurs rapports
tant avec M. Boulanger, son premier curé à
Saint-Jacques, qu'avec M. Friant, le digne
successeur de M. Boulanger depuis 1882 ;
avec ses collègues du vicariat et avec les
prêtres habitués qui résidaient sur la paroisse.

La populeuse paroisse de Saint-Jacques,
qui compte tant d'indigents et tant d'Œuvres,
offrait un terrain merveilleusement appro-
prié à l'exercice et au développement de sa
piété, de sa charité et de son zèle. La régularité, l'exactitude à tous ses devoirs, la ponctualité et les autres vertus que nous avons
admirées dans l'aumônier de Saint-Acheul,
brillèrent avec un nouvel éclat dans le vicaire
de Saint-Jacques.

Chaque matin, alors même qu'il devait
chanter la messe à une heure tardive, il était
dès l'aurore dans cette église de son baptême,
si chère à son cœur, et où il exerça, dans sa

______

(1) *Le Dimanche*, Semaine relig. du dioc. d'Amiens,
n° du 10 juillet 1892, p. 27.

sphère modeste, une si sanctifiante action. Agenouillé auprès de son confessionnal, il récitait son bréviaire, faisait sa méditation et d'autres exercices de piété. Le soir, après le salut auquel il assistait régulièrement tous les jours, on était sûr de le retrouver à la même place.

Combien d'âmes sont venues là, lui confier leurs fautes et leurs peines, recueillir de ses lèvres des paroles de pardon, de consolation et d'encouragement ! « Que de fois, nous écrit un de ses anciens collègues, j'ai admiré la patience inaltérable avec laquelle il se faisait tout à tous, passant de longues heures au confessionnal, même en hiver, par les froids les plus rigoureux (1) ! »

Prêtre d'une grande érudition, il s'appliquait tout particulièrement à l'étude de la théologie morale et de la théologie ascétique, afin de se rendre de plus en plus apte à diriger les âmes dans les voies de Dieu. D'un jugement droit, mais se défiant de lui-même jusqu'à l'excès, comme nous l'avons déjà dit,

____

(1) Pour la composition de ce chapitre, nous avons mis largement à contribution et souvent reproduit textuellement les notes que deux anciens collègues de M. Hareux : M. l'abbé Dubourguier, actuellement curé de Miraumont, et M. l'abbé Dunou, vicaire de Saint-Jacques d'Amiens, ont bien voulu nous communiquer avec une obligeance dont nous ne saurions trop les remercier.

c'est avec une simplicité charmante qu'il exposait ses doutes à ses confrères et demandait leur avis, bien que le sien fût souvent le meilleur.

Ce qui précède se trouve confirmé et complété par les lignes suivantes, adressées au *Messager de Notre-Dame de Brebières* par un ancien condisciple et ami de M. Hareux, par un zélé et éloquent curé d'Amiens, qui se dévoue à l'apostolat de la classe ouvrière : « Ce prêtre, toujours empressé à demander conseil et à se ranger à l'avis de ceux qu'il croyait plus expérimentés que lui, était un excellent directeur d'âmes. Quelque secret que soit ce ministère, nous avons pu savoir, de ceux qui avaient mis en lui leur confiance, sa mansuétude au saint tribunal, sa délicatesse à panser les blessures des âmes, sa patience à supporter leurs écarts et leurs faiblesses, son charitable empressement à les relever, la sagesse de ses décisions et de ses conseils. C'est là surtout, dans ce petit réduit du confessionnal, qu'il a été bon, là surtout qu'il a fait du bien. »

Il serait difficile de dire jusqu'où allaient son humilité et sa délicatesse de conscience. S'il ne dédaignait pas de consulter ses collègues, même plus jeunes, à plus forte raison aimait-il à demander conseil à M. le curé de Saint-Jacques et à ne rien faire sans son avis dans les cas qui présentaient quelque difficulté.

L'abbé Hareux était chargé d'un des plus pauvres quartiers de la paroisse. Avec quel courage il en parcourait les rues, s'informant des misères physiques et morales qu'il avait à cœur de soulager, pénétrant dans de misérables mansardes, portant à ceux qui en avaient besoin, des secours matériels et spirituels! Afin de ne rien oublier, il notait, sur un carnet *ad hoc*, le nom des malades et des pauvres dont il était chargé, leur adresse, le jour où il administrait les sacrements à ses chers malades qu'il visitait avec une édifiante régularité et une charité compatissante. Un jour, entre autres, il lui fallut passer sous un véritable tunnel de chiffons pour parvenir au grabat d'une pauvre femme infirme.

Il se privait lui-même pour donner plus largement aux pauvres. Aux uns il payait le loyer, aux autres le pain, le charbon, etc. Soucieux de cacher ses bonnes œuvres, il recommandait, au sujet de ses aumônes, un secret qui était parfois un fardeau trop lourd pour la reconnaissance de ses protégés. L'admiration de ces pauvres gens et celle de tous les paroissiens se traduisait par cette formule : « M. Hareux, c'est un saint homme. » Et le dimanche qui suivit sa mort, M. le curé de Saint-Jacques, faisant son éloge du haut de la chaire, le proclama à juste titre « un prêtre au cœur d'or. »

Quand ses malades étaient en danger, le charitable vicaire redoublait de zèle pour faire pénétrer dans leur cœur des sentiments de foi et de repentir. Que d'efforts, que de prières, que de charitables industries pour ramener à Dieu les âmes qui en étaient éloignées !

Ici encore, nous sommes heureux de pouvoir invoquer le précieux témoignage de M. le curé de la paroisse Saint-Firmin d'Amiens : « A Saint-Jacques, surtout, l'abbé Hareux trouva ces pauvres qu'il aimait, et, pour savoir combien il les aimait, il aurait fallu pénétrer avec lui dans ces cours infectes, gravir ces escaliers abrupts, s'asseoir dans ces mansardes où il porta si souvent consolation et secours. C'est de ces refuges de la misère que monte, nous le savons, le concert le plus unanime de regrets et d'éloges à la mémoire de ce véritable ami du peuple, qui ne pouvait voir souffrir sans s'émouvoir, et qui, à une demande, ne savait jamais répondre : non.

« Quand la maladie s'abattait sur ses chers protégés, alors que leur dénuement devenait plus poignant, leur misère plus profonde, la charité de l'abbé Hareux redoublait : non seulement il donnait, mais il se donnait lui-même. Il n'avait plus de repos qu'il n'eût fait pénétrer un rayon d'espérance chez ces pauvres souffrants en leur rendant la grâce de Dieu, et qu'il ne fût assuré, autant qu'on peut l'être, qu'en échange de leur misérable vie d'ici-bas, il leur avait ouvert les cieux. »

Les fonctions de catéchiste sont d'une extrême importance et jamais le prêtre n'en peut remplir de plus utiles. Les catéchismes parfaitement faits sont des semences de vertu pour toute la vie et une pépinière de remords pour ceux qui sont tentés plus tard d'abandonner les voies du salut. C'est par la base qu'il faut reconstruire l'édifice spirituel. Les enfants solidement instruits de la religion, voilà le grand espoir de l'avenir.

M. Hareux était profondément convaincu de cette vérité et rien n'égalait sa sollicitude pour les enfants de son catéchisme. « Le catéchisme, nous écrit un de ses anciens collaborateurs du vicariat de Saint-Jacques, quelle préoccupation pour lui ! Sans cesse il demande conseil, sans cesse il étudie les moyens les plus propres à intéresser les enfants, à les attirer, à les amener à s'instruire de plus en plus de leurs devoirs de chrétien. Un enfant a-t-il manqué au catéchisme, vite le bon abbé se met à sa poursuite, il va lui-même auprès des parents, s'informe du motif de son absence, les presse de veiller eux-mêmes à prévenir de nouveaux manquements. Et cela, au prix de quels efforts! car il est naturellement timide, et son zèle, parfois incompris de certains parents indifférents ou grossiers, ne lui vaudra que des rebuts ou des paroles malsonnantes. » Pourtant, ce prêtre à l'extérieur austère attire les enfants. Ah ! sans doute, c'est parce qu'ils se sentent aimés de lui ; c'est parce que, à l'exemple de l'aimable Sauveur, il aime à s'entourer de ces chers petits, à leur parler comme un père, à les bénir, à leur raconter des traits édifiants, à récompenser leurs efforts. Par sa bonté. sa douceur et son dévouement, par ce reflet de candeur et d'innocence qui rayonne autour de lui, il se les attache, il se concilie leur affection et leur confiance.

Un Frère des Ecoles Chrétiennes, parlant de la part si active prise par l'abbé Hareux aux fêtes du Bienheureux J.-B. de la Salle (1), ajoutait que la bonté de cet excellent vicaire lui avait tellement gagné les enfants, que presque tous voulaient l'avoir pour directeur spirituel. Son confessionnal était aussi le confessionnal préféré des garçons de l'école laïque.

(1) L'abbé Hareux a écrit un compte rendu fort intéressant du Triduum célébré en l'honneur du B. de La Salle à l'école des Frères de la paroisse Saint-Jacques, les 10, 11 et 12 décembre 1888.

Dans les dernières années de sa vie, il fut chargé du catéchisme de persévérance. Afin de rendre les réunions plus attrayantes, il ménageait souvent d'agréables surprises aux enfants. Tantôt il organisait de petites loteries, tantôt il distribuait des récompenses dans le but de stimuler l'ardeur, d'encourager les efforts de ces jeunes âmes, de les instruire de la religion et de les former à la piété.

A Saint-Jacques comme à l'orphelinat de Saint-Acheul, l'abbé Hareux s'acquittait consciencieusement du ministère auguste de la prédication. Ses instructions, toujours sérieusement préparées, étaient claires, solides et pieuses. Ne cherchant jamais à se faire valoir, il n'avait qu'un but : faire du bien aux âmes. Cela n'empêchait pas que « ses sermons, parfaitement soignés, étaient très goûtés de l'auditoire de Saint-Jacques, habitué pourtant à entendre des paroles brillantes (1). »

C'était toujours pour lui une consolation de parler du bon Dieu, de la Sainte Vierge et des Saints. A moins de se trouver empêché par le ministère paroissial, il ne refusait jamais de prêcher partout où on l'invitait. Sa parole pieuse et pleine d'onction était particulièrement goûtée des communautés reli-

(1) *Le Dimanche*, n° 1098, 10 juillet 1892

gieuses. Vers la fin d'octobre 1891, huit mois avant sa mort, il avait été choisi pour prêcher, dans la chapelle des Carmélites d'Amiens, l'un des sermons du Triduum solennel célébré à l'occasion du troisième centenaire de Saint Jean de la Croix. Il s'acquitta de cette tâche à la satisfaction générale.

Si fatigué qu'il fût, il ne demandait jamais à être dispensé de prêcher quand c'était son tour : il ne voyait que le devoir qui, pour lui, était toujours sacré. Mais le vicariat de Saint-Jacques formait une famille de frères unis entre eux par les liens d'une charité toute sacerdotale, sous la paternelle direction de l'éminent curé de la paroisse. Aussi, lorsqu'on voyait le bon abbé Hareux souffrant ou trop fatigué, un confrère s'offrait spontanément pour le remplacer. Ce qu'on faisait pour lui, il le méritait bien et ne manquait jamais de le payer de retour à la première occasion.

Toujours heureux de pouvoir être agréable ou utile, il était toujours prêt à rendre les services en son pouvoir. Prêtre studieux, il s'était composé une remarquable bibliothèque comprenant de nombreux ouvrages parfaitement choisis sur les diverses branches de la science divine et humaine, mais spécialement sur l'Ecriture sainte, la liturgie, la patristique, la théologie dogmatique et morale, le droit canon, la philosophie, l'histoire ecclésiastique, l'hagiographie, l'archéologie sacrée et l'histoire locale. Il mettait volontiers à la disposition de ses confrères et de ses amis, non seulement ses livres, mais aussi les connaissances si étendues qu'il avait acquises en consacrant à l'étude le temps qui n'était pas employé à la prière ou aux labeurs du saint ministère.

Pendant les onze années de son vicariat à Saint-Jacques, le ministère le plus pénible peut-être pour M. Hareux, ce fut de faire la quête à domicile. On ne saurait dire combien il en coûtait à son caractère timide chaque fois qu'il fallait se mettre en campagne et aller de porte en porte pour recueillir les aumônes du lait et beurre ou pour solliciter la charité des paroissiens en faveur des enfants pauvres de la première communion. Il eût préféré puiser dans sa propre bourse une somme équivalente au produit de la quête, mais comme il s'agissait d'un devoir, il l'accomplissait en faisant taire sa répugnance. Avait-il jugé prudent de passer la porte d'un cabaret ou de quelque maison suspecte, il en éprouvait ensuite du scrupule, et demandait humblement à ses confrères s'il n'avait pas eu tort d'agir ainsi.

M. le curé l'avait chargé, pour la paroisse Saint-Jacques, des œuvres de la Propagation de la Foi, de la Sainte-Enfance et de Saint-François de Sales. Il mettait le plus grand soin à les développer, à augmenter le nombre des zélatrices, à stimuler leur ardeur et à procurer de plus abondantes ressources à ces Œuvres si importantes, pour lesquelles il donnait lui-même généreusement.

CHAPITRE XI

Direction des Religieuses de Notre-Dame des Sept-
Douleurs. — Derniers pèlerinages. — La mort
d'un père. — Dévouement aux bonnes œuvres.

Outre son ministère paroissial si laborieux,
surtout dans les dernières années, l'abbé
Hareux fut chargé de la direction des religieuses hospitalières de Notre-Dame des
Sept-Douleurs, dont la maison-mère est
établie sur la paroisse Saint-Jacques. Sa
mémoire est restée en bénédiction dans cette
communauté et son nom y évoque toujours,
comme au Louvencourt, de vifs regrets, auxquels viennent se mêler des sentiments de
filial attachement et de vénération profonde.
Voici du reste comment s'expriment à son
sujet ces dévouées religieuses dont Amiens
apprécie les vertus et les services :

« Le ministère qu'a rempli auprès de nous
M. l'abbé Hareux, ne nous permet pas de
dire tout ce que notre reconnaissance sent
le besoin d'exprimer pour les nombreux et
éminents services qu'il a rendus à notre

petite société encore au berceau. Nous ne saurions définir toute l'indulgence et la charité dont nous avons été l'objet de la part de ce prêtre si dévoué, pendant les dix années qu'il a été notre confesseur. Personne n'ignore les difficultés, les labeurs et les privations inséparables de toute fondation nouvelle. C'est pendant cette période de temps que M. l'abbé Hareux a été appelé à exercer son ministère près des religieuses de la petite société de Notre-Dame des Sept-Douleurs et de Sainte-Marthe. Bien souvent il a été le témoin, ou plutôt le confident des combats des unes et des défaillances des autres ; mais son amour de prédilection pour les âmes que Jésus appelait à devenir ses épouses et à se dévouer dans la personne du prochain, lui faisait trouver dans le cœur miséricordieux de ce bon maître tout ce qui était nécessaire pour soutenir le courage des premières et fortifier ou relever les secondes dans le chemin parfois si rude de la perfection et du dévouement.

« Bon nombre de Sœurs reconnaissent et attestent que le bon Dieu s'est servi de M. l'abbé Hareux pour les maintenir dans le devoir et surtout pour les aider à persévérer dans la vie religieuse. Grâce aussi à la prudence et à la discrétion qui le caractérisaient, il sut toujours aplanir les difficultés en général, mettant le baume partout sans jamais provoquer le moindre froissement, la moindre sensibilité de quelque côté que ce soit.

« Telle était son humilité que, dans les conseils que nous avons eu besoin de lui demander, jamais il n'a voulu donner son avis sans le conformer à celui des directeurs que la Providence avait préposés avant lui pour établir et diriger cette petite Société.

« Que dire de son exactitude pendant dix ans? A part les absences motivées par des raisons particulières, aucune de nos Sœurs ne se souvient qu'il ait jamais manqué, non pas le jour, mais même l'heure fixée pour les confessions de chaque semaine. Ici encore quelle condescendance! Des Sœurs retenues par des occupations très urgentes se sont quelquefois trouvées en retard ; nous l'avons vu rentrer jusqu'à trois fois dans le confessionnal, toujours avec la même bonté, la même possession de lui-même et la même paternité envers les âmes qui se confiaient en lui.

« Nous nous souvenons aussi des instructions assez nombreuses que M. l'abbé Hareux a bien voulu nous faire, soit à l'occasion d'une fête particulière, soit à l'occasion d'une retraite. Sa piété si connue, son humilité et la solidité de ses enseignements pénétraient dans nos âmes et mettaient en elles le désir de retracer les vertus qu'il proposait à notre imitation. Chacune se retirait édifiée, disant : « Vraiment, c'est là ce qu'il faut faire et on « ne peut prétexter l'impossible : on a le « modèle sous les yeux ; car on sent que « M. l'abbé Hareux pratique à la lettre ce « qu'il enseigne. »

« Son souvenir est encore aussi vivant parmi nous que si nous en étions privées depuis peu de temps. Nous avons confiance qu'il jouit depuis longtemps de la vue de Dieu et qu'en Lui il voit tous nos besoins et intercède en notre faveur ; néanmoins, nous conformant à l'esprit de l'Eglise, nous nous efforcerons d'acquitter, par nos plus ardentes prières, notre dette de reconnaissance à son égard. »

On l'a vu plus haut, l'abbé Hareux ne connaissait guère d'autres vacances et d'autres congés que les pèlerinages qui, en élargissant son horizon intellectuel, fournissaient un aliment à sa piété. Aimant beaucoup les manifestations de la foi catholique, on était à peu près certain de le rencontrer dans les grandes cérémonies religieuses d'Amiens ou des environs, partout où Dieu recevait quelque gloire. Il n'y assistait pas en curieux, ni en amateur, mais en chrétien, en prêtre pieux et fervent, ne négligeant aucune occasion de faire du profit pour son âme.

Notre-Dame-de-Brebières avait en lui un de ses plus dévoués enfants, un de ses plus fidèles serviteurs. Comme il aimait à visiter la douce Bergère d'Albert et à lui porter les hommages et les offrandes de sa piété filiale ! Comme il s'intéressait à la construction de sa merveilleuse basilique ! Notre-Dame-de-Boulogne avait aussi dans le zélé vicaire de Saint-Jacques un client sur lequel elle pouvait compter.

Il ne se passait presque pas d'années qu'on ne le vît prendre le chemin de quelque sanctuaire célèbre. Au mois de juillet 1882, il visita avec une de ses sœurs le berceau glorifié du Bienheureux mendiant d'Amettes, saint Benoît Labre, dont il avait vénéré, dans la ville éternelle, les souvenirs et le tombeau. A la gare de Lillers, une longue file de grands chariots champêtres, contenant de la paille pour servir de siège, attendaient les nombreux pèlerins. Le spectacle pittoresque de ces rustiques véhicules provoqua la gaieté sans diminuer la ferveur des pieux voyageurs amiénois.

Le 28 mai 1885, eut lieu la consécration de la magnifique église de Notre-Dame de Bon-Secours, à Rouen. M. Hareux ne manqua point de s'unir aux pèlerins d'Amiens pour porter le tribut de son amour à cette puissante protectrice de nos régions. Ce fut de toute son âme qu'il chanta le refrain :

Entends notre prière,
Notre-Dame de Bon-Secours ;
Montre-toi notre mère,
Protège-nous toujours.

Le 5 juillet suivant, nous le trouvons à Dunkerque, au mémorable pèlerinage régional de Notre-Dame des Dunes. Le 28 août 1887, il assiste à la bénédiction du Calvaire de la Falaise, au Tréport. Là encore il mêle sa voix au chant du cantique composé pour la circonstance et dont voici le refrain :

Salut ! croix tutélaire,
Objet de notre foi.
Nous voulons Dieu, c'est notre père ;
Nous voulons Dieu, c'est notre roi !

Au commencement du mois de mai 1889, c'est à l'antique et célèbre sanctuaire de Notre-Dame de Liesse que notre cher pèlerin alla retremper sa ferveur. Il visita aussi, à Liesse, la petite chapelle bâtie sur le modèle de la *Santa Casa* de Lorette. Son entrée dans ce modeste oratoire fut marquée par un incident digne d'être mentionné. De nombreux cierges allumés avaient mis le feu à un grand chandelier en bois, et déjà la flamme menaçait d'envahir la chapelle : l'abbé Hareux parvint à arrêter ce commencement d'incendie, grâce à sa présence d'esprit et à ses efforts énergiques.

Un peu plus de deux ans auparavant, Celui qui se plaît à châtier ceux qu'il aime avait imposé à son cœur un sacrifice excessivement douloureux. Son père avait succombé à une angine de poitrine, le dimanche 23 janvier 1887, dans la matinée. La mort fut si prompte que l'abbé Hareux ne put arriver à temps pour recevoir les suprêmes adieux. On a vu, au commencement de cette notice, ce qu'était M. Florent Hareux. Le *Dimanche* lui a consacré un article nécrologique justement élogieux, reproduit dans la *Revue Franciscaine* du mois d'avril 1887. En voici quelques extraits ; ils compléteront ce qui a déjà été dit plus haut.

« Mercredi 26 janvier ont été célébrées solennellement, dans l'église cathédrale, les obsèques de M. Florent Hareux, syndic du couvent des Franciscains... M. Hareux était inscrit dans plusieurs confréries pieuses et avait voulu consacrer ses loisirs et ses ressources à diverses œuvres de bienfaisance. Membre de la conférence de Saint-Vincent de Paul, il faisait la visite de ses pauvres avec une grande ponctualité. Il faisait partie de l'œuvre de l'Adoration nocturne et voulait encore, malgré ses quatre-vingt-deux ans, passer régulièrement, comme les plus jeunes, son heure de garde devant le Très Saint Sacrement.

« Paroissien modèle, il avait à cœur d'assister à tous les offices de Notre-Dame... D'une tendre piété envers Marie, il récitait chaque jour l'office de la Sainte Vierge et le chapelet, avec un tel recueillement que rien n'était capable de le distraire... La mort n'a pu surprendre cet humble et grand chrétien, qui est allé recevoir, dans un monde meilleur, la récompense de ses vertus. Il laisse à l'église d'Amiens un fils prêtre et à tous ceux qui l'ont connu de beaux exemples à imiter. »

On devine aisément combien fut grande et profonde l'affliction de l'abbé Hareux. Ses larmes coulèrent en abondance. Cette mort fut pour son cœur un coup dont il se ressentit toujours. Il se tourna vers Celui qui a dit : « Venez à moi, vous tous qui êtes accablés d'épreuves et de peines, et je vous soulagerai. » Tout en puisant pour lui-même les vraies consolations dans la foi et l'espérance chrétiennes, il s'appliqua à alléger la douleur et à soutenir le courage de ses pieuses et dévouées sœurs dont il allait être plus que jamais le conseil et l'appui. Ensemble, résignés à la volonté de Dieu et bénissant la main qui les frappait, ils aimaient à s'entretenir de leur père bien-aimé et à s'animer à la vertu par le souvenir de ses admirables exemples.

L'abbé Hareux partagea avec ses chères sœurs la direction de la Sainte-Enfance qui lui doit une large part de ses progrès dans le diocèse d'Amiens. Il accepta la charge de trésorier de cette œuvre si catholique et si française. (Voir le nécrologe des *Annales* d'octobre 1892.)

Il succéda aussi à son regretté père en qualité de syndic des Franciscains d'Amiens. Ces fonctions que les malheurs des temps rendaient particulièrement difficiles, il les remplit jusqu'à sa mort avec une prudence et un dévouement que les Révérends Pères ne pouvaient se lasser d'admirer.

Sous la frêle apparence d'une santé délicate, il cachait une activité infatigable ; aussi se dépensait-il avec un zèle extraordinaire pour toutes les bonnes œuvres qui le sollicitaient. On le trouvait toujours prêt à donner son argent et son concours lorsqu'il s'agissait des intérêts des âmes, des malades, des pauvres et des ouvriers. L'œuvre de Notre-Dame du Salut avait en lui un membre aussi dévoué qu'intelligent ; elle lui a rendu un public hommage dans *le Pèlerin*, son organe.

On sait combien lui tenaient au cœur l'orphelinat de Saint-Acheul et l'œuvre de l'Adoption. Que de fois, par la parole et par la plume, il plaida la cause de l'indigent et de l'orphelin! que de fois il quêta pour eux !

Sa charité n'oubliait personne. Le 27 décembre 1887, une religieuse de Louvencourt lui écrit, de la maison de Dunkerque, pour le remercier de ce qu'il fait en faveur de ses petites protégées. Au mois de novembre 1890, c'est d'un couvent de Lyon que lui arrive le témoignage de gratitude d'une catéchiste missionnaire qui se prépare à gagner des âmes à Dieu en aidant les ouvriers évangéliques dans les pays de mission. Elle ne se contente pas de le remercier du vif intérêt qu'il porte à cette œuvre : connaissant sa piété et son zèle, elle sollicite de sa part des prières, surtout des *Salve Regina*, car à ces vaillantes catéchistes il ne faut pas moins de 400,000,000 de *Salve Regina* pour les 400,000,000 de païens à convertir.

Le R. P. Barbelin, S. J., mandait du collège Saint-Joseph de Littlehamton (Angleterre) : « Le P. Laroche m'écrit avec quel dévouement M. l'abbé Hareux s'occupe des intérêts de la petite Ecole apostolique. Qu'il me soit permis de lui en exprimer ici toute ma reconnaissance et de le presser, une fois encore, de venir ici contempler *de visu* la petite famille à laquelle il daigne s'intéresser. »

Au milieu de tant d'occupations si absorbantes, l'abbé Hareux savait se ménager du temps pour l'étude. Il donna à nos divers recueils périodiques un certain nombre d'articles qui témoignaient de sa culture littéraire et plus encore de son désir d'être utile et de faire du bien. La Société des Antiquaires de Picardie, dont il était membre honoraire, reçut aussi de lui diverses communications intéressantes. Après sa mort, elle a rendu un légitime hommage de regrets et de sympathies à la mémoire de ce prêtre studieux « bibliophile et homme de goût, toujours assidu aux réunions, pour lequel les études historiques et archéologiques étaient remplies d'attraits (1). »

Vers le même temps, une religieuse de Louvencourt écrivait, au nom de la Supérieure générale, aux sœurs de M. l'abbé Hareux : « ... C'est toujours pour nous un plaisir d'entendre parler de votre bon et saint frère, qui fut pour notre Institut un ami fidèle et dévoué... Notre bonne Mère me charge de vous exprimer sa reconnaissance pour les notes écrites par M. l'abbé Hareux sur une personne qui nous fut si chère et qui, elle aussi, a pratiqué la vertu dans un degré

(1) Paroles de M. Ed. Soyez, Président de la Société des Antiquaires de Picardie. — Voir les *Mémoires de la Société des Antiq. de Pic.*, 4ᵉ série, t. ii, p 512.

héroïque. Nous regrettons que Notre-Seigneur ne lui ait pas laissé le temps d'achever cette admirable Vie, toute remplie de si beaux exemples. »

Ajoutons que la bonne presse avait en l'abbé Hareux un soutien et un apôtre. Il était abonné à un grand nombre de revues et de journaux choisis entre les meilleurs, et il se faisait un devoir de faciliter, autant qu'il le pouvait, la lecture des bons journaux populaires dans la classe ouvrière. Voici la nomenclature des principales publications périodiques qu'il recevait et qu'il prêtait volontiers : *l'Univers, La Croix* et *la Chronique Picarde, l'Echo de la Somme,* le *Messager du Sacré-Cœur,* les *Etudes religieuses des Pères de la Compagnie de Jésus,* la *Revue de l'art chrétien,* le *Dimanche,* la *Revue franciscaine,* le *Messager de Notre-Dame de Brebières,* les *Annales de la première communion,* les *Missions catholiques,* les *Annales de la Propagation de la Foi,* de *la Sainte-Enfance,* de *la Réparation,* du *Bienheureux de La Salle,* etc.

CHAPITRE XII

§ I. — *Le saint prêtre d'après sainte Catherine de Sienne.*

L'Eglise ne s'est pas contentée de décerner
à sainte Catherine de Sienne le triomphe des
autels : elle a donné à ses écrits le plus magnifique éloge, en déclarant « sa doctrine infuse
« et non acquise : *doctrina ejus infusa, non
« acquisita,* » comme il est dit dans sa Bulle
de canonisation. Or, en lisant, au chapitre cxix de son *Dialogue,* les paroles par
lesquelles le Père éternel révèle à cette
illustre Sainte, la sublime grandeur et l'éminente perfection du saint prêtre, il nous
semble y voir, en raccourci, un portrait fidèle
de celui dont nous essayons de retracer la
douce et austère physionomie. On en jugera
par les quelques extraits qui suivent.

« La perle précieuse de la justice, enchâs-
sée dans une humilité sincère et une ardente
charité, brillait [en lui] avec la lumière de la

discrétion. Elle brillait en lui surtout parce qu'il me rendait ce qui m'est dû (1), c'est-à-dire gloire et honneur à mon nom, et accomplissait la vertu par amour pour moi et pour le prochain. Foulant aux pieds l'orgueil, il allait à l'autel avec la pureté des anges et m'offrait le sacrifice dans la sincérité d'une âme brûlante de charité.

« Il ne pensait pas à lui-même, mais uniquement à ma gloire et au salut des âmes. Il corrigeait charitablement avec le baume de la douceur. Flambeau mystique, il répandait dans l'Eglise la lumière de la science surnaturelle et la chaleur de la charité. Comme un jardinier vigilant, il arrachait avec zèle et sollicitude les épines du péché et plantait dans les âmes les fleurs embaumées des vertus... Loin de désirer les honneurs, il cherchait l'abaissement. Ange gardien des âmes qui lui étaient confiées, il leur communiquait les bonnes pensées et les saintes inspirations ; il avait les yeux fixés sur elles, il les soutenait par l'enseignement de sa parole, l'exemple de sa vie et l'appui de ses prières.

(1) On sait que dans ce célèbre *Dialogue* c'est Dieu le Père qui répond aux questions de sainte Catherine de Sienne. Le *Dialogue* est le reflet direct des lumières célestes, la reproduction des paroles sublimes échangées dans l'extase. La Sainte était complétement privée de l'usage de ses sens, pendant que ses secrétaires recueillaient les mots qui tombaient de ses lèvres inspirées.

« Quelle foi ! quelle espérance et quelle charité ! Il pleurait avec ceux qui pleurent ; il se réjouissait avec ceux qui se réjouissent. Il savait doucement donner à chacun la nourriture qui lui convenait, se proportionnant à tous, simple avec les simples, petit avec les petits.

« Dévoré de zèle pour Dieu et pour les âmes, il ne refusait aucun travail, il ne reculait devant aucune fatigue, il ne s'épargnait aucune peine et il offrait au ciel le parfum de ses saints désirs et de ses ferventes prières. »

Après cette fidèle esquisse tracée, dès le xive siècle, par la séraphique enfant de saint Dominique qu'on a surnommée la Thérèse de l'Italie et la Jeanne d'Arc de la Papauté, nous devons entrer dans de plus amples détails sur les principales vertus qui caractérisèrent l'abbé Hareux et sur les dévotions qui lui furent particulièrenent chères.

§ II. — *Esprit de foi.*

S'il parvint à une haute perfection, l'honneur en est, avant tout, à la vivacité de sa foi. Il aurait pu dire avec le Bienheureux Gérard Majella : « La foi est ma vie, et la vie pour moi, c'est la foi. » Vivant pleinement

de la foi, qui est, dit le saint Concile de
Trente, la racine et la source de toute justifi-
cation et de toute vie surnaturelle, il était
tout illuminé, tout pénétré des vérités éternelles. La foi était sa règle, il n'agissait que
d'après ses lumières et ses inspirations ; aussi,
comme l'écrivait un de ses amis, « ce fut toujours vers Dieu qu'il orienta sa vie, sa vie
sacerdotale surtout. »

« L'œil du monde ne voit pas plus loin que
la vie, l'œil du chrétien voit jusqu'au fond
de l'éternité, » disait le saint curé d'Ars. Aux
clartés de sa foi vive et ardente, l'abbé
Hareux semblait contempler les réalités invisibles ; on eût dit que, pour lui, le voile qui
les couvre avait disparu. Comme il aimait à
parler du ciel ! Voici comment il s'exprime
sur ce sujet dans l'un de ses sermons :

« Comme le nautonnier balloté par les
vagues, se console dans l'espérance d'atteindre bientôt le port, ainsi le chrétien en butte
aux orages de la vie présente, sent son courage se ranimer à la pensée du ciel. Oh ! oui,
qu'il est bon, au milieu des ennuis et des
peines de ce triste exil, de penser que nous
irons un jour dans la maison du Seigneur !
Qu'il est doux d'interrompre un moment nos
gémissements et nos pleurs pour chanter avec
David les magnificences de cette Jérusalem
céleste que nous habiterons pendant toute

l'éternité! Qu'il est consolant de saluer dans le lointain ce beau ciel où il nous sera donné de voir Dieu sans voile, de l'aimer sans imperfection, de le louer sans fin! Oh! si nous étions moins attachés aux choses périssables, comme nous soupirerions après la vue de Dieu, comme nous aurions hâte de jouir de celui qui est la souveraine félicité! »

De sa foi vive naissait le profond esprit de religion qu'on a toujours remarqué en lui. Il était tout pénétré de respect et d'amour pour Dieu, pour Jésus-Christ, pour l'Eglise et son chef visible sur la terre. Il aimait avec une sorte de passion, la beauté du culte catholique avec ses cérémonies et ses mystères; la pompe de ses solennités, la majesté de nos chants liturgiques, les cantiques sacrés, la musique religieuse, écho du concert des anges; les différentes manifestations de l'art chrétien qui prêtent à la religion leurs charmes terrestres; en un mot, tout ce qui détache l'âme de la terre, la purifie, l'agrandit et l'élève jusqu'à Dieu.

La vaste et belle église Saint-Jacques où il avait reçu la vie de la grâce, il l'aimait comme l'enfant aime la maison paternelle, l'oiseau son nid, l'exilé sa patrie. Nul plus que lui n'était épris des incomparables beautés de la cathédrale d'Amiens. Cette merveille de l'art gothique exerçait sur son esprit et sur son cœur je ne sais quel doux et puissant attrait. Le dimanche, après les vêpres, il éprouvait une véritable jouissance à venir y réciter son bréviaire, y faire ses dévotions et s'y délasser de ses fatigues en y respirant « un air plein de mystère et de paix. » Cette vaste nef, ces colonnes élancées, ces voûtes aériennes semblaient donner des ailes à son âme et l'emporter dans les sublimes régions de l'infini. Comme l'auteur des *Harmonies,* mais avec une religion bien autrement profonde et une foi bien autrement vive, il aimait à venir,

> Quand la dernière heure du jour
> A gémi dans *les* vastes tours
>
> .   .   .   .
>
> Se glisser sous *la* voûte obscure.
> Et chercher, au moment où s'endort la nature,
> Celui qui veille toujours (1) ! »

C'était toujours une consolation pour la piété de l'abbé Hareux de dire la sainte messe dans une communauté religieuse. Il avait extrêmement à cœur la beauté de la maison de Dieu, la décence et la propreté la plus parfaites pour tout ce qui concerne le culte divin et particulièrement la célébration des saints mystères.

______

(1) LAMARTINE, *Harmonies poétiques et religieuses,* p. 52-53, Hymne du soir dans les Temples.

Son esprit de foi se manifestait dans son extérieur toujours modeste, recueilli. Mais son recueillement n'avait rien de triste ni de sombre, rien de gêné ni d'affecté ; il était au contraire accompagné d'une grande simplicité de cœur et de cette douce et sainte joie qui est un des fruits de l'Esprit-Saint.

§ III. — *Dévotion envers Notre-Seigneur.*

« L'Eucharistie est le trésor et la gloire du prêtre, et le prêtre, dit un pieux auteur, n'est fait que pour l'Eucharistie (1). » L'abbé Hareux le savait ; il appréciait ce trésor et cette gloire ; tout en sa personne était pénétré de la présence réelle de Notre-Seigneur. Son attitude à l'autel faisait penser à saint Vincent de Paul. En voyant son recueillement et sa piété, on aurait pu dire de lui comme on l'a dit d'un des plus grands évêques de notre siècle (2) : « Il dit toujours sa première messe. »

Son cœur était sans cesse tourné vers le divin Ami qui a fixé parmi nous sa tente.

(1) Voir l'excellent opuscule : *Le Prêtre et la situation actuelle de l'Église*, 5e édit., p. 66. Paris, Œuvre de Saint-Paul, rue Cassette, 6. — Conf. *Le Sacerdoce éternel*, par S. E. le cardinal MANNING, ch. I, II et *passim*.

(2) Mgr BERTEAUD, évêque de Tulle.

Ses plus doux moments étaient ceux qu'il pouvait passer aux pieds de Jésus dans son adorable sacrement; il s'y sentait attiré comme par une force invisible, par un aimant divin. Avec quelle onction il parlait de ce miracle de l'amour de Jésus-Christ pour les hommes!

Un de ses vœux les plus ardents était de voir régner, avec l'esprit de ferveur, une étroite et fraternelle union entre les membres du clergé. L'Association des Prêtres Adorateurs, établie et dirigée par les Pères du Saint-Sacrement, répondait trop bien à ses vues et à ses désirs pour qu'il y demeurât étranger. Son admission date du 8 septembre 1886. Depuis lors, outre ses visites quotidiennes au Saint-Sacrement, il était exact à faire, au moins une fois par semaine, son heure d'adoration devant le tabernacle. Cette Association si salutaire au clergé avait toutes ses sympathies; non content de la faire connaître à ses confrères, il l'aidait de ses prières et de ses libéralités. Dans une lettre datée du 21 janvier 1888, le R. P. Directeur le remercie de sa « généreuse offrande en faveur de cette œuvre » dont il explique le caractère et le but. Nous croyons ne pas devoir priver nos lecteurs de cette page inédite qui respire l'amour le plus ardent pour Jésus-Hostie.

« ... Oh! adorons et faisons adorer la personne sacrée de Notre-Seigneur au Très Saint-Sacrement ; elle a droit à tous nos honneurs et à tous nos hommages comme Dieu même. L'adoration est pour le prêtre un des plus puissants moyens pour conserver la grâce de son sacerdoce, telle qu'il la reçue le jour de son ordination. A chaque adoration, en effet, il va puiser à sa source toutes les grandes vertus qui font du prêtre un autre Jésus-Christ. Nous ne sommes prêtres que par notre participation au sacerdoce de Notre-Seigneur ; plus nous nous approchons de ce divin Maître, plus nous sommes prêtres. Or, peut-on s'en approcher de plus près, après la messe et la communion, que par l'adoration, qui est la continuation de ces deux grands mystères de notre religion ?

« Cette heure continue hebdomadaire, passée aux pieds de Notre-Seigneur, dans le silence, dans l'oubli des créatures, dans l'intimité avec Dieu, rend le prêtre vraiment surnaturel, vraiment homme de prière, première condition pour être vraiment apôtre. Que de prêtres déjà ont goûté les meilleurs fruits de cette prière au pied de l'autel !

« Vivez de l'Eucharistie, puisque c'est Dieu, Dieu mis à notre portée, devenu en quelque sorte l'un de nous dans son sacrement. »

La foi qui animait l'abbé Hareux le faisait vivre pour ainsi dire de la vie de l'Eglise. Il s'identifiait en quelque sorte avec les mystères que présente successivement à nos hommages le cycle de l'année liturgique. Il célébrait avec une sainte joie les douces fêtes de Noël. Avec quelle foi vive et confiante, avec quel tendre amour il adorait Jésus naissant dans une pauvre étable ! Il aimait, à l'exemple de saint François d'Assise, les naïves représentations qui nous montrent cet aimable Sauveur dans les abaissements de sa crèche. A Saint-Acheul, comme plus tard à Saint-Jacques, il s'efforçait d'inspirer aux enfants une tendre dévotion pour ce mystère si touchant. Il distribuait dans ce but des images de l'Enfant Jésus, de petites crèches, de pieuses sentences en rapport avec la fête de Noël.

Ecoutons-le parler sur ce sujet dans l'une de ses instructions : « Cette fête de Noël a des attraits tout particuliers. Le ciel s'entr'ouvre et laisse tomber sur la terre, comme une douce et bienfaisante rosée, le Juste, objet de l'attente universelle. Comme autrefois la voix des anges parlant aux bergers, la voix de la grâce parle à nos cœurs. Soyons dociles à cette voix, venons à Bethléem, à la maison du pain, chercher la vie et le salut.

« ... Venez aussi chercher la paix que Jésus apporte aux hommes de bonne volonté. Voyez-le dans le dénuement de l'étable, sur la paille de sa crèche, couvert de pauvres langes, étendant ses petits bras pour appeler à lui tous les pécheurs et les recommander à son Père. Voyez ce cher petit Jésus, les yeux humides de larmes. Il pleure parce qu'il vous aime, il pleure parce que vous avez péché, il pleure parce que vous ne voulez pas l'aimer. »

L'abbé Hareux aimait à se procurer et à chanter ces vieux et naïfs noëls si goûtés de nos pères. En voici un, copié de sa main, et que nous croyons peu connu :

Air : Il est né le divin Enfant.

Entrez, dévote compagnie,
Chers bergers, entrez en ce lieu,
Vous y trouverez ce grand Messie,
Vous y verrez le Fils de Dieu.

Fort pauvrement il vient de naître
Il n'y a qu'un petit moment.
Si vous désirez le connaître,
Venez, entrez, mes bonnes gens.

Que ce soit avec révérence.
Amis, mettons-nous à genoux
Pour adorer en son enfance
Celui qui doit nous sauver tous.

Divin Jésus.
Je vous donne ce gros pain tendre,
Je vous donne ce bel agneau ;
Et je vous supplie de le prendre
Avec ce petit pigeonneau.

Adieu, Joseph ; adieu, Maîtresse,
Adieu, cher petit nourrisson ;
Pour l'amour de vous trois, sans cesse
Je veux chanter cette chanson.

Citons encore ce gracieux dialogue entre les Bergers et les Mages.

Nous sommes les petits rois Mages
Aussi sages
Que des images.
Et nous, nous sommes les bergers,
Doux messagers
De la bonne nouvelle.
Pour nous dans le ciel étincelle
Une étoile brillante et belle.
Et nous, nous apportons la bûche
Du papa Noël
Qui nous fait trouver dans la huche
Du sucre et des gâteaux de miel.

O bûche protectrice,
Dans les temps rigoureux
Sois la consolatrice
Des enfants malheureux.
Réchauffe de ta flamme
Les vieillards engourdis,
Et donne de l'âme
Aux enfants sans abri,
A celui qui voyage
Loin du toit paternel,
Rends un peu de courage,
O bûche de Noël.

Au temps du Carême et de la Passion, la piété de l'abbé Hareux prenait un autre caractère. Le souvenir de l'austère retraite

de Jésus au désert, la pensée de ses souffrances et de sa mort le pénétraient de com-
ponction et l'excitaient à faire avec une nouvelle ferveur le chemin de la croix, qui était
une de ses dévotions favorites.

Un peu plus tard, son cœur s'épanouissait
dans les joies de la résurrection. Il aimait
alors à distribuer à ses chers enfants du catéchisme des œufs de Pâques, peints sur des
images portant le joyeux *Alleluia* et de
pieuses devises.

Le mystère de l'Ascension lui procurait le
bonheur de parler du ciel, objet habituel de
ses pensées, de ses affections et de ses espérances. Pour lui comme pour les Saints « la
figure du monde qui passe » était peu de
chose ; son âme, trop grande pour s'attacher
aux vanités d'ici-bas, n'habitait pas sur la
terre.

« Qu'en serait-il de nous si nous n'avions
pas en ce monde le Saint Sacrement, » disait
sainte Thérèse (1). Et, quelques mois après
sa mort, apparaissant toute resplendissante
au V. P. Jérôme-Gratien, elle lui fit entendre
ces paroles : « Nous qui sommes au ciel et
vous qui êtes sur la terre, nous devons être
une même chose en pureté et en amour : nous
en jouissant ; vous en souffrant ; *et ce que*

(1) *Chemin de la perfection*, ch. XXXVI.

*nous faisons là-haut dans l'essence divine,
vous devez le faire ici-bas dans le Très Saint
Sacrement.*

L'abbé Hareux semblait avoir pris ces dernières paroles pour règle de conduite. C'était *un prêtre eucharistique.* La Fête-Dieu lui était chère entre toutes. Pendant toute l'octave, il était heureux d'unir son allégresse et ses adorations aux hommages et au solennel triomphe que l'Eglise décerne au Christ, pontife et roi présent dans l'Hostie. L'office du Saint Sacrement, chef-d'œuvre du Docteur angélique, avait ses prédilections. Il en goûtait les chants majestueux comme les paroles, les sublimes antiennes, les hymnes dont la magnificence n'est égalée que par celle des psaumes. Ces formules sacrées, pleines de poésie, de doctrine et de grâce, étaient pour son âme un mets céleste, s'adaptant à ses dispositions et à ses besoins.

Sa dévotion au Sacré Cœur avait pris de nouveaux accroissements depuis son pèlerinage à Paray-le-Monial. Il recommandait « cette dévotion si sanctifiante et si consolante, où l'on puise, disait-il, avec les bénédictions les plus précieuses, la grâce de vivre et de mourir en prédestiné. »

Sans parler de Lansperge le Chartreux et du P. Eudes, il savait que saint François, saint Bonaventure et saint Bernardin de Sienne ont été des hérauts, des guides et des modèles de la dévotion au Cœur de Jésus.

Il avait toujours dans son bréviaire une image de la Bienheureuse Marguerite-Marie présentant elle-même la première image du Sacré Cœur à la vénération des novices. Elle lui avait été donnée le 6 juillet 1868, juste un mois après son sous-diaconat, par le R. P. Paul de Sainte-Marie, religieux franciscain. Elle porte ces mots : « Il veut que vous pensiez à son amour. Plus vous y penserez, plus vous l'aimerez. » Cette image est à demi usée par le contact des doigts ; ce qui semble indiquer que M. Hareux l'affectionnait particulièrement. Peut-être avait-il adopté la dévotion marquée au verso : *La Semaine du Sacré Cœur selon la pieuse pratique recommandée par la Bienheureuse Marguerite-Marie.*

Cette dévotion de l'abbé Hareux pour le divin Cœur de Jésus lui inspirait un attrait particulier pour les âmes qui l'ont glorifié par leur vie et leurs œuvres. De là sa dévotion envers Madame Barat, fondatrice de la Société du Sacré-Cœur. Il aimait à rappeler que cette vénérable servante de Dieu (de même que son amie la Vénérable Julie Billiart, apôtre, elle aussi, de la dévotion au

Cœur de Jésus) habita Amiens, notamment le quartier Saint-Jacques.

Chez lui, comme chez cette femme éminente, une rare délicatesse de conscience aurait pu dégénérer en scrupule, et un profond sentiment d'humilité aller jusqu'à un trouble dangereux. Il trouvait le remède dans la dévotion au Sacré Cœur, car il savait que « l'esprit du Sacré Cœur, c'est un esprit de dilatation et de joie (1). » Il avait copié, sur une petite feuille qu'il avait dans son bréviaire et qu'il relisait souvent, ces paroles adressées par le R. P. Varin à la Vénérable fondatrice de la Société du Sacré-Cœur de Jésus :

« Quand vous sentirez votre âme s'agrandir, votre cœur se dilater, votre esprit s'éclairer ; quand vous vous sentirez portée à la joie, à la confiance, à l'espérance, dites avec certitude : Voilà l'Epoux de mon âme ! car c'est ainsi qu'il s'annonce. Lorsque, au contraire, votre âme se trouvera comme serrée, que votre esprit se chargera de nuages, de doutes, d'anxiétés, de perplexités, que votre cœur sera oppressé, porté à la tristesse et au découragement ; qui donc fait cela, ma bonne Sœur, sinon l'ennemi de votre Epoux et de

(1) Mgr BAUNARD, *Histoire de Madame Barat,* t. i, p. 69.

votre félicité? Gardez-vous bien de l'écouter, même un seul moment, ne lui répondez pas : méprisez-le, méprisez-le (1) ! »

§ IV. — *Dévotion envers la Sainte Vierge et les Saints.*

Après Dieu, Marie tenait la première place dans le cœur de l'abbé Hareux. Ainsi que M. l'abbé Frechon, curé de Saint-Pierre d'Amiens et vicaire général honoraire, l'a fait pour sa belle biographie de M. l'abbé Outrequin, nous pourrions intituler cette humble notice : *Un Serviteur de Marie.* Oui, comme le pieux vicaire du Petit-Saint-Jean et de Saint-Roch qui l'a précédé de quelques années dans la tombe, ou plutôt dans le ciel, le regretté vicaire de Saint-Jacques a été le *prêtre de Marie.* Comme la vie de M. Outrequin, la vie si humble de M. Hareux a été tout entière vouée à l'amour de Marie. « En toute occasion, il pensait à Elle, il élevait vers Elle ses regards; il trouva en Elle un modèle de perfection et un miroir de justice (2) ! »

(1) *Histoire de Madame Barat,* p. 69.
(2) *Un Serviteur de Marie. — M. l'abbé E. Outrequin,* par M. l'abbé A. FRECHON, vicaire à Saint-Martin d'Amiens, p. VII.

Il savait que Marie est la voie pour aller à Jésus. Ses notes de retraite nous ont révélé son amour pour Celle qu'il se plaisait à appeler « sa bonne et tendre mère, » son désir de l'honorer et d'imiter ses vertus, son zèle pour étendre son culte. Il lui avait consacré son premier sermon et il s'estimait toujours heureux de publier ses grandeurs et ses bontés.

« Marie, disait-il dans l'une de ses nombreuses instructions en son honneur, c'est pour nous la plus tendre, la plus aimante et la plus dévouée des mères. Elle veille sur notre berceau, elle guide nos premiers pas dans la vie, elle écarte les périls qui nous menacent, elle nous soutient dans nos travaux, elle nous protège pendant toute notre vie, et à l'heure de notre mort elle est encore là, à notre chevet, pour repousser les attaques de l'ennemi et présenter elle-même notre âme à son divin Fils.

« Ne craignons pas de recourir à elle dans nos besoins, consultons-la dans nos doutes, implorons ses consolations dans nos peines : elle ne manquera pas de nous venir en aide. Que de bienfaits elle ne cesse de répandre sur ceux qui l'invoquent ! Celui-ci lui doit la santé du corps ; celui-là, la santé plus précieuse de l'âme ; un autre, la vocation, ou bien encore la délivrance d'un grand danger.

« Les petits, les faibles, les infirmes, les pécheurs, trouvent en elle un refuge assuré. Mère compatissante, elle a des consolations pour toutes les douleurs, des remèdes pour tous les maux ; et comme pour marquer qu'elle nous a enfantés au Calvaire, c'est à ceux qui souffrent qu'elle réserve la meilleure part de ses bienfaits... Aimons Marie d'un amour d'imitation, prenons-la pour modèle, imitons ses vertus... Pauvres pécheurs, invoquez-la avec confiance, elle brisera vos chaînes, elle vous obtiendra pardon auprès de son divin Fils. Marie est comparée à l'olivier : il n'y a en elle que miséricorde. »

Il est à peine besoin d'ajouter que l'abbé Hareux très affectionné à la dévotion au scapulaire du Mont-Carmel et au Rosaire, s'en faisait le propagateur et l'apôtre.

Admis à revêtir l'habit du Tiers-Ordre de Saint-François, en même temps que sa pieuse mère, le 18 septembre 1868, il avait fait profession le 20 septembre de l'année suivante. Toujours il se montra le fils aimant et dévoué du séraphique pauvre d'Assise.

Il s'était aussi enrôlé, dès le temps de son séminaire, dans la confrérie de la *Milice angélique* ou du *cordon de saint Thomas d'Aquin*, dont le but est de conserver dans son intégrité le trésor de l'innocence. Aussi aimait-il à adresser une belle prière copiée de sa main, à celui qui mérita le glorieux surnom d'*Ange de l'ecole* (1).

Saint Joseph, le patron de la vie intérieure; saint Pierre, le prince des Apôtres; saint Paul, son patron; saint Jean, le disciple bien-aimé de Jésus; sainte Thérèse, la grande

(1) Nous reproduisons ici cette belle prière, généralement peu connue :

Prière à saint Thomas d'Aquin.

Très chaste saint Thomas, choisi comme un lys d'innocence, vous qui avez toujours conservé sans tache la robe baptismale; vous qui, ceint par deux Anges, avez été un véritable ange dans la chair, je vous prie de me recommander à Jésus l'Agneau sans tache et à Marie la Reine des Vierges, afin que, moi aussi, portant à mes reins votre saint cordon, je reçoive le même don que vous, et, vous imitant ainsi sur la terre, je sois un jour couronné par les Anges, avec vous, ô grand protecteur de mon innocence.

Pater... Ave... Gloria...

Priez pour nous, saint Thomas.
Afin que nous soyons dignes des promesses de Notre-Seigneur Jésus-Christ.

PRIONS

O Dieu, qui avez daigné nous munir du cordon de saint Thomas au milieu des luttes si difficiles que nous avons à soutenir, nous vous supplions de nous accorder, par son secours céleste, de surmonter heureusement dans ce combat l'ennemi de notre corps et de notre âme, afin que, couronnés du lys d'une pureté perpétuelle, nous méritions de recevoir la palme des Bienheureux au milieu du chaste troupeau du chœur des Anges. Par Jésus-Christ Notre-Seigneur.

zélatrice de la gloire de Dieu ; saint François de Sales, à la piété si douce et si aimable, étaient aussi pour l'abbé Hareux des saints de prédilection. Il goûtait beaucoup cette maxime du saint évêque de Genève : « Ne rien demander, ne rien refuser, ne rien désirer. »

N'oublions pas de signaler sa dévotion aux saints anges, particulièrement à saint Michel et à l'ange gardien. Il avait aussi le culte des saintes reliques, dont il s'était composé un petit trésor.

Chaque année, il sanctifiait le mois de janvier par un pieux exercice quotidien en l'honneur de la sainte enfance de Jésus. Mars était consacré à saint Joseph. Chaque jour du mois de mai, il payait son tribut d'hommages à Marie ; il faisait de même, en juin, pour le Cœur qui a tant aimé les hommes. Octobre était particulièrement consacré à saint François d'Assise et novembre aux âmes du Purgatoire.

L'abbé Hareux se procurait un petit livre spécial selon le mois et faisait exactement, soit seul, soit plus souvent en famille, la lecture du jour suivie d'une prière, en se proposant toujours dans ces exercices un but particulier.

C'est ainsi qu'il entretenait et développait sa piété, en lui procurant sans cesse un nouvel aliment aussi succulent que varié. Sans se surcharger de pratiques indiscrètes qui auraient pu nuire à l'accomplissement de ses devoirs d'état, il aimait les dévotions recommandées par l'Eglise et demeurait fidèle à celles qu'il avait embrassées.

Ainsi que Mgr l'Evêque de Grenoble le constatait en 1880, dans une Supplique adressée au Souverain Pontife, depuis environ un demi-siècle l'Esprit de Dieu pousse l'Eglise dans la voie de la réparation ; et cette réparation, Notre-Seigneur la demande surtout aux âmes qui lui sont consacrées, parce qu'elles sont les sources d'où le bien s'écoule sur les peuples.

L'âme généreuse de l'abbé Hareux était faite pour comprendre cet appel d'en-haut. Pèlerin de la pénitence dès la première heure, il avait prié aux plus célèbres sanctuaires de la France et de l'Italie ; des raisons de santé l'avaient seules empêché de franchir les mers pour aller vénérer le tombeau de Notre-Seigneur. Il s'était enrôlé dans l'Archiconfrérie établie pour la réparation du blasphème et de la profanation du dimanche. La Société des Auxiliatrices des âmes du Purgatoire, dont le centre est à Paris (1), le comptait parmi ses membres honoraires. Non content

(1) 16, rue de la Barouillère.

de prier pour ces âmes si dignes d'intérêt, il aimait à plaider leur cause.

« Vous ne serez pas sourds à la voix de vos chers défunts qui vous implorent avec l'accent de la douleur, disait-il dans un de ses sermons; leurs plaintes toucheront vos cœurs. Il y a dans l'Eglise un trésor inépuisable, composé des mérites que Jésus-Christ a acquis par ses prières, par ses prédications, ses fatigues, ses larmes, ses souffrances et sa mort. Venez puiser à ce trésor et, vous penchant sur les abîmes du Purgatoire, vous verserez au moins quelques gouttes rafraîchissantes sur ces âmes qui souffrent et qui soupirent après les délices du ciel. »

L'abbé Hareux faisait aussi partie de la Confrérie de Notre-Dame des Armées depuis le 28 octobre 1888.

Pour exciter en lui l'esprit de foi qui animait ses actions et dirigeait sa vie, il avait composé la prière suivante qu'il récitait tous les jours :

« J'unis toutes mes actions, prières, souffrances de cette journée aux intentions du Cœur de Jésus et aux souffrances de Notre-Seigneur sur la croix, et je veux que mes actions unies et présentées par les mains de Sainte Vierge, de saint Joseph, de mon saint Ange gardien, de saint Pierre et de saint Paul, mon saint patron, de saint

François d'Assise, de saint François de Sales,
de saint Jean l'Evangéliste, de tous les saints
Anges, de tous les Saints et Saintes du
paradis, aient un poids infini pour l'éternité ;
je ne veux pas en perdre la plus légère partie.

« O mon Dieu, je vous recommande tout
ce qui doit m'arriver pendant cette journée,
d'agréable ou de pénible. Je vous l'offre :
1° pour vous rendre la gloire qui vous est
due ; 2° pour vous remercier de tous vos
bienfaits ; 3° pour l'expiation de tous mes
péchés ; 4° pour devenir un saint prêtre et
obtenir le ciel. Cette dernière grâce de sanctification, je vous la demande aussi pour
mon cher père, pour mes sœurs, tous mes
parents, etc…

« … Je vous prie pour la conversion des
pécheurs et particulièrement pour celle de
N. N., pour le soulagement des âmes du purgatoire, pour les missions dans les pays
catholiques et les pays infidèles… Je veux
gagner toutes les indulgences que je pourrai
pendant cette journée, tant pour moi-même
que pour les âmes du purgatoire. »

§ V. — *Espérance.* — *Charité envers Dieu et le prochain.*
Humilité.

« Une grande foi, observe judicieusement
le R. P. Saint-Jure, produit, par une certaine

nécessité morale, une grande espérance et une grande charité. » Vivant de la foi, l'abbé Hareux se confiait en la miséricorde divine et n'aspirait qu'après la céleste patrie, ainsi que le témoignent ses paroles et ses œuvres. Il ne désirait qu'une chose en ce monde : connaître et suivre la volonté de Dieu. Il avait copié dans l'*Univers* du 5 novembre 1879, afin de la réciter souvent, cette petite prière enrichie d'indulgences par Sa Sainteté Léon XIII : « Daignez m'accorder, ô Dieu de miséricorde, de désirer avec ardeur ce qui vous est agréable, de le connaître avec certitude et de l'accepter avec perfection pour l'honneur et la gloire de votre nom. Ainsi soit-il. »

Peu de temps après la mort de son vénéré père, quelques confrères essayèrent de persuader à l'abbé Hareux qu'il pourrait bien et même qu'il devrait fonder une prébende. On lui représentait qu'étant chanoine prébendé, il se rendrait très utile à des confrères malades, en leur prêtant le secours de son ministère tant pour la prédication que pour la confession. Les raisons qu'on alléguait paraissaient si plausibles qu'elles auraient peut-être fini par triompher des résistances de sa modestie. Mais quelqu'un ayant amené la conversation sur ce sujet pendant un dîner à la cure de Saint-Jacques, M. le Curé dit à son vicaire : « Monsieur Hareux, vous faites le bien à Saint-Jacques ; votre ministère est vraiment béni de Dieu ; croyez-vous que la volonté de Dieu et le bien des âmes vous appellent ailleurs ? » Cette pensée qu'il faisait la volonté de Dieu suffit au pieux vicaire pour lui faire rejeter toute idée de changement, et il ne fut plus question de prébende. Il craignait d'ailleurs que dans une démarche de ce genre il se glissât dans son âme, même à son insu, quelque arrière-pensée d'ambition ou de vanité, ce dont il avait une souveraine horreur.

Voyait-il des confrères qui se préoccupaient trop de changements, il leur disait : « Soyons contents dans le poste où nous sommes ; on n'est jamais heureux et l'on ne réussit jamais quand on veut agir en dehors de la volonté de Dieu. »

Peu de temps avant sa mort, comme on parlait devant lui de plusieurs promotions de chanoines, il éprouvait autant de joie de voir les récompenses accordées à ses confrères que s'il se fût agi de lui-même ; et comme on lui disait que son tour viendrait, il répondit : « Je ne désire que le ciel. »

On l'a vu plus haut, l'amour de Dieu que M. Hareux avait manifesté dès son enfance ne fit que s'accroître pendant le cours de son séminaire et de sa vie sacerdotale. C'est à cette source de l'amour divin qu'il puisait sa charité, son zèle, son dévouement pour le prochain, et cette aimable bonté qui le rendait si cher à sa famille, à ses amis, à toutes ses connaissances. On l'appelait souvent « le bon M. Hareux, » tant il était bon !

Un ecclésiastique qui l'a tout particulièrement connu, écrivait : « On ne vit jamais un amour plus filial, un dévouement plus fraternel, une amitié plus fidèle. Cette amitié, nous en avons joui pendant les trente-cinq ans que nous avons été tour à tour son condisciple, son confident, son confrère, son obligé, et toujours son ami. Ils sont nombreux, ceux qui ont goûté avec nous les charmes de son affection. Nous voudrions exprimer tout ce que notre mémoire et notre cœur renferment de sentiments et de souvenirs ; mais au lieu de mots, ce sont des larmes qui coulent de notre plume. Nous n'avons pas été, nous, ses amis, les seuls à le chérir ; partout où il a passé, il a conquis l'affection de ceux qu'il s'efforçait de gagner à Dieu. »

Nous sommes sûr de n'être pas démenti en affirmant que l'abbé Hareux ne manquait jamais à la charité dans ses paroles. Jamais on ne l'entendait dire de mal de qui que ce soit. Si parfois on se permettait devant lui de légères médisances, il excusait les défauts et les fautes d'autrui ou bien il gardait le silence.

Sa charité se manifestait surtout par ses œuvres ; nous en avons déjà cité bien des preuves. Un incendie s'étant déclaré un jour non loin de sa demeure, il y courut au premier signal et se distingua par son dévouement. Six mois avant sa mort, une famille de la paroisse Saint-Jacques lui écrivait, à l'occasion du nouvel an, pour lui souhaiter « une bonne santé, une heureuse vieillesse et l'assurer de ses prières. » Ces braves gens ajoutaient à la fin de leur lettre : « Homme généreux et charitable comme vous l'êtes, ce tribut de reconnaissance vous est bien dû. »

M. D..., ancien directeur au Grand Séminaire d'Amiens et depuis de longues années missionnaire en Chine, au Kiang-Si, reçut un jour du charitable vicaire de Saint-Jacques un don de deux cents francs pour les besoins de sa mission. Après la mort de l'abbé Hareux, écrivant à l'un de ses confrères, M. G..., directeur au Grand Séminaire d'Amiens, il lui disait : « ... Il est doux de prier pour un prêtre si édifiant, et il est encourageant de penser qu'il peut nous aider par ses prières. »

La Sainte Écriture nous enseigne que ce qui attire l'esprit de Dieu dans une âme, c'est l'humilité. Cette vertu fondamentale, l'abbé

Hareux la possédait à un rare degré. Une religieuse de Louvencourt qui l'a tout particulièrement connu, nous écrit : « Sa vie a été aussi cachée qu'elle était sainte et édifiante, et sa modestie a dérobé bien des choses admirables. » Ajoutons à ce témoignage celui d'un ancien vicaire de Saint-Jacques : « M. Hareux était un prêtre intelligent, instruit, pieux et modeste. Évitant tout ce qui aurait pu le mettre en évidence, il cachait avec soin ses bonnes œuvres et acceptait les humiliations *avec reconnaissance*; il n'avait en vue que le bien des âmes et sa propre sanctification. »

CHAPITRE XIII

La Fin.

§ I. — *Les derniers Jours.*

Le 26 décembre 1891, la Révérende Mère Abbesse du monastère des Clarisses d'Amiens écrivait à l'abbé Hareux : « ... La reconnaissance que nous vous devons nous porte à solliciter du ciel, en votre faveur, des bénédictions de plus en plus abondantes. Nous désirons tant voir récompensé votre bienveillant dévouement pour nous ! L'année 1892 s'ouvrira sous les auspices du Sacré Cœur. Qu'elle soit pour vous, Monsieur l'Abbé, une année heureuse, une année telle que vous la désirez et telle que Jésus la fait pour ses prêtres les plus aimés. »

Le Cœur de Jésus exauça les prières des ferventes filles de sainte Claire, mais ce fut tout autrement qu'elles ne s'y attendaient. A peine l'année 1892 était-elle arrivée au milieu de son cours, que Dieu appela le dévoué vicaire de Saint-Jacques à la récompense qu'il réserve « à ses prêtres les plus aimés. »

Rien ne faisait prévoir que, pour l'abbé Hareux, la fin fût si proche. Il passa les premiers mois de 1892 dans l'exercice des œuvres de zèle et des vertus sacerdotales que nous avons admirées en lui.

Le 26 mai, fête de l'Ascension, il prêcha sur le mystère du jour. En parlant du ciel, il ne se doutait pas, apparemment, qu'il touchait au seuil de ce bienheureux séjour et que les portes de la céleste Jérusalem allaient bientôt s'ouvrir pour lui. Quelques jours après, il fit le sermon de clôture du mois de mai. Ce fut avec l'éloquence du cœur qu'il développa ces paroles de la Liturgie : « *Et Jesum, benedictum fructum ventris tui, nobis post hoc exilium ostende :* O Marie, au terme de cet exil, montrez-nous Jésus, le fruit béni de vos entrailles. » Le 5 juin, il prêcha encore sur la fête de la Pentecôte avec cette onction et cette piété qui faisaient tant goûter ses instructions.

Le lundi de la Pentecôte, il alla prier avec le pèlerinage d'Amiens au sanctuaire de Notre-Dame de Boulogne. Joignant la charité à la piété, il paya les places de deux personnes pieuses qui furent touchées de son offrande et plus encore de la délicatesse avec laquelle il vint en aide à leur pauvreté.

Vers la mi-juin, l'abbé Hareux, qui aimait tant à faire plaisir et surtout à faire du bien, offrit un livre de piété à l'une de ses parentes, Mademoiselle Thérèse Aubey, qui avait le bonheur de faire sa première communion le jour de la Fête-Dieu. En tête de ce livre, sur la première page blanche, il écrivit :

16 juin 1892.

« Rien ne ressemble autant au jour où, après cette vie, nous aurons le bonheur de voir Jésus au ciel, que le jour de notre première communion. Après le bonheur d'une âme qui entre au ciel et qui aperçoit Jésus, il n'y a pas de bonheur plus grand que celui d'une âme qui le reçoit pour la première fois sur la terre, et rien ne peut davantage ressembler à un ange que l'âme d'un enfant en ce jour-là. » (L'abbé Perreyve.)

Souvenir de Première Communion
À Thérèse AUBEY

P. Hareux, Prêtre.
Priez pour moi.

Celui qui transcrivait ces belles paroles pour sa cousine admise à recevoir Notre-Seigneur « pour la première fois sur la terre, » avait-il le pressentiment que bientôt il serait appelé lui-même au « bonheur de voir Jésus dans le ciel ? »

On peut dire que l'abbé Hareux est tombé comme tombent les vaillants, les armes à la main.

Le samedi 25 juin, il éprouva un mal de gorge, mais cette indisposition ne put ralentir son zèle. Il fit plusieurs visites pour inviter des paroissiens à accompagner le Saint Sacrement à la procession du lendemain, solennité du Sacré Cœur. Dans la soirée, il confessa jusqu'à neuf heures et sentit son mal s'aggraver.

Le lendemain, comme il commençait sa semaine, il célébra la messe à cinq heures et demie et remplit les fonctions de diacre à la grand'messe. Les forces commençaient à lui manquer; mais, surmontant son extrême fatigue, il voulut, quand même, dans l'après-midi, suivre la procession du Très Saint Sacrement. Le soir, en rentrant chez lui, il était plus souffrant.

Le lundi 27, il dut consentir à se soigner. Ce lui fut un grand sacrifice de ne pouvoir dire la sainte messe. Il espérait bien monter à l'autel le mardi; mais on lui fit observer qu'étant si faible et ayant la gorge si enflée, ce serait commettre une imprudence. Il se résigna, acceptant ce qui paraissait être la volonté de Dieu. Pourtant cette journée du mardi ne fut pas trop mauvaise et le médecin ne voyait rien de grave. Ce jour-là, l'abbé

Hareux était de cœur avec les pèlerins réunis à la Salette sous la direction des Pères de l'Assomption. Il regrettait que ce pèlerinage n'eût point coïncidé avec l'époque de ses vacances, tant il désirait revoir la montagne arrosée par les larmes de Marie !

La nuit suivante, notre cher malade n'eut guère de repos. Le mercredi matin, il éprouva un grand malaise et demanda l'extrême-onction. Cependant le médecin ne découvrait encore en lui aucun symptôme inquiétant. Malgré sa faiblesse, l'abbé Hareux s'acquitta, dans le cours de la journée, de ses exercices de piété avec une ferveur angélique.

§ II. — *La mort et les obsèques.*

Il avait demandé depuis de longues années à la Sainte Vierge qu'elle daignât l'assister à l'heure de sa mort (1). Cette bonne Mère lui obtint la grâce de réciter le chapelet avec ses sœurs peu de temps avant de rendre le dernier soupir. C'était vers trois heures de l'après-midi. Il demanda ensuite qu'on allât chercher son confesseur. Celui-ci étant absent, ce fut le R. Père gardien du couvent des Francis-

(1) Voir son *Acte de Consécration à Marie*, vers la fin du chap. ii, p. 47.

cains qui vint à sa place et entendit la dernière confession du malade. Le R. Père devait
lui apporter la sainte communion le lendemain matin, pour satisfaire sa dévotion ; car
le docteur, étant revenu de nouveau, conti-
nuait d'affirmer qu'il n'y avait aucun danger.
Quelle que fût sa science médicale, il ne
pouvait prévoir l'embolie qui devait sitôt
emporter le vertueux malade, avec une rapidité foudroyante.

Vers le soir, l'abbé Hareux eut une syncope.
Un R. Père Dominicain et un prêtre séculier,
M. l'abbé D***, qui se trouvaient présents, lui
donnèrent les soins que réclamait son état,
afin de le faire revenir à lui.

Il était environ six heures du soir lorsque,
sans agonie, sans aucun signe de souffrance,
il s'endormit paisiblement du sommeil des
justes, assisté sans doute de Jésus, de Marie
et de Joseph, et aussi de saint Paul, son
patron, dont on célébrait la fête ce jour-là,
29 juin. Sa mort fut si douce qu'on ne s'aperçut pas du moment où il exhala son dernier
soupir.

Ses traits altérés par les fatigues et la maladie prirent, après sa mort, une remarquable
expression de sérénité et de bonheur. Il semblait sourire et l'on eût dit qu'en quittant le
corps qu'elle animait, son âme avait laissé sur
son visage comme un reflet de la joie céleste.

Au pied du lit mortuaire, les sœurs du défunt, accompagnées de quelques personnes amies, priaient et pleuraient auprès de ce qui leur restait en ce monde de leur frère bien-aimé. Dans leur deuil, elles adoraient, avec une édifiante résignation, la très sainte volonté de Dieu. La confiance d'avoir désormais un nouveau protecteur au ciel était pour leur douleur un doux et puissant soulagement.

La triste nouvelle de cette mort si prompte et presque subite se répandit rapidement dans la paroisse Saint-Jacques et dans toute la ville d'Amiens. Ce fut pour le quartier Saint-Jacques un deuil général.

Il y eut à la maison mortuaire un pieux concours. Chacun voulait contempler une dernière fois les traits du prêtre universellement aimé et vénéré qui s'était dépensé sans mesure pour le bien des âmes. Touchant spectacle ! les enfants venaient par groupes nombreux prier auprès de la dépouille mortelle de celui qui, par sa bonté, avait conquis leur affection. De leurs lèvres sincères sortait la louange parfaite du défunt : *Nous n'avons pas peur de le regarder,* disaient-ils, *car c'est un Saint.*

Sans vouloir y attacher plus d'importance qu'il ne convient, nous croyons devoir relater ici un fait arrivé quelques heures après la mort de l'abbé Hareux. Peut-être certains lecteurs y verront-ils un de ces phénomènes de *télépathie* qui se présentent quelquefois (1) ?

Le Dimanche a publié, dans son numéro du 20 août 1893, un article nécrologique sur « un jeune homme très édifiant, » Léon Drocourt, appartenant à une famille d'Amiens plus favorisée des dons de la grâce que de ceux de la fortune. Malade depuis très longtemps, il était admis par le Comité à faire partie du pèlerinage de Lourdes, lorsque la Sainte Vierge daigna l'appeler à elle le jour de l'Assomption, selon la demande si touchante qu'il lui en avait faite la veille. Il était âgé de dix-huit ans.

Le jour même de sa mort, il eut la faveur d'être reçu dans le tiers-ordre de Saint-François.

Depuis son arrivée à Saint-Jacques, l'abbé Hareux avait eu pour pénitent ce jeune prédestiné auquel il portait une affection toute paternelle. Il l'avait préparé à la première communion et visité, pendant dix ans, dans sa chambre de malade. Il lui avait continué ses charitables visites, même après que la famille Drocourt eut quitté le quartier Saint-

(1) Voir la brochure du R. P. POULAIN, S. J. : *La Mystique de saint Jean de la Croix*, p. 44, note.

Jacques pour habiter sur la paroisse Notre-Dame.

La dernière fois qu'il se rendit chez son protégé, il resta assez longtemps près de lui. Charmé de la candeur de cette bonne petite âme, il admirait les pieuses industries de son cher malade pour transformer sa petite chambre en oratoire, l'orner d'images, y dresser et décorer de petits autels. On eût dit qu'un secret pressentiment l'avertissait qu'il ne le reverrait plus en ce monde.

Le soir du 29 juin 1892, au moment où ils allèrent prendre leur repos, les époux Drocourt et leurs enfants ignoraient absolument la mort de l'abbé Hareux. Ils n'avaient même pas entendu parler de sa maladie. Le jeudi 30, vers quatre heures du matin, Léon, le jeune malade, contrairement à ses habitudes, poussa un cri qui appela l'attention de sa mère. Etonnée, inquiète, elle vint aussitôt ; mais elle trouva son enfant endormi.

A son réveil, l'enfant raconta ce qui avait provoqué de sa part ce cri de surprise pendant son sommeil : « Il m'a semblé, dit-il, voir, pendant que je récitais une dizaine de chapelet, M. Hareux, revêtu d'un beau vêtement couleur d'azur, s'élever dans les airs, environné de nuages, jusqu'à une hauteur telle que je fus obligé de me hausser pour le suivre du regard ; au-dessus de sa tête il y avait un cœur de couleur rouge d'où partaient des rayons d'or. »

Dans la matinée du même jour, la femme Drocourt, en allant puiser de l'eau à la fontaine voisine, apprit, avec autant de peine que de surprise, la triste nouvelle qui, depuis la veille au soir, circulait dans la ville d'Amiens. Comment annoncer à son cher Léon cette mort qui va tant l'impressionner ? Il fallut pourtant lui en faire part. Le malade dit, en conservant son calme : « Ah! M. Hareux est mort! » Puis, d'un air pensif, il ajouta : « Il est parti avant moi. » Et plus tard, revenant sur le rêve étrange qu'on vient de lire, il disait : « Je pense toujours que lorsque j'ai vu M. Hareux, il sortait du purgatoire (1). »

Nous empruntons à la *Semaine religieuse*, en le modifiant très légèrement, le récit des obsèques de M. l'abbé Hareux. Elles eurent lieu le samedi 2 juillet, en la fête de la Visitation de la Sainte Vierge, au milieu d'une

(1) Avons-nous besoin d'ajouter ici qu'en rapportant, pour ce qu'il est, ce fait appuyé sur des témoignages sérieux, nous ne prétendons nullement lui attribuer un caractère surnaturel ? Nous savons trop quelle prudente réserve s'impose dans les phénomènes de ce genre. D'autant plus que « la nature humaine a des bonds et des éclats mystérieux dans lesquels, sans sortir de sa sphère, elle touche aux abords du monde » surnaturel et « divin ». Voir RIBET, *La Mystique divine*, etc., t. I, p. 15.

affluence extraordinaire de prêtres, de religieux, de parents, d'amis et de fidèles, venus non seulement de la paroisse Saint-Jacques, mais de toutes les paroisses de la ville et de divers points du diocèse.

Le cortège funèbre ressemblait vraiment à une marche triomphale et l'on avait sous les yeux une réalisation saisissante des paroles de Marie : « *Et exaltavit humiles :* Dieu exalte les humbles. » Rarement on avait vu un prêtre plus humble que M. Hareux, et rarement aussi on vit un convoi funèbre plus magnifique que le sien.

La levée du corps fut faite par M. le curé de Saint-Jacques, que cette mort avait attéré. Beaucoup de vicaires d'Amiens étaient venus rendre à leur confrère les derniers honneurs en assistant, en habit de chœur, à ses funérailles. Les cordons du poêle furent tenus par M. l'abbé Dunou, représentant le clergé de Saint-Jacques, M. l'abbé Grognet, curé de Boury (Oise) et ami de la famille (1), un religieux Franciscain, et M. Eugène Delattre, représentant l'*Association des anciens élèves de la Providence.*

Le vicariat de Saint-Jacques, en manteau

(1) C'est par erreur que *le Dimanche,* si exact pour les autres détails, a mentionné ici « M. l'abbé Deminuid, directeur de l'*Œuvre de la Sainte-Enfance,* » au lieu de M. l'abbé Grognet.

de deuil, s'était joint aux membres de la famille pour suivre le cercueil du défunt. Les enfants des écoles libres de Saint-Jacques formaient la haie de chaque côté du cortège funèbre, dans lequel on remarquait MM. les Vicaires Capitulaires. L'église de Saint-Jacques avait été splendidement décorée et illuminée pour le service du bien-aimé vicaire. Une foule immense et profondément recueillie remplissait la vaste enceinte de l'église. Beaucoup de pauvres étaient là pour témoigner hautement en quelle estime ils tenaient celui qui avait été si bon pour eux et qu'ils aimaient à appeler « le père des pauvres. »

La messe fut chantée par M. l'abbé Allart, curé de Saint-Firmin et ami particulier du défunt. Deux anciens vicaires de Saint-Jacques, M. l'abbé J. Morel, curé de Flixecourt, et M. l'abbé Dubourguiez, curé de Miraumont, remplissaient les fonctions de diacre et de sous-diacre. A l'offertoire, M. Leleu fit entendre un splendide *Miseremini* qui fit sur l'assistance une sensation profonde. Une voix sacerdotale, celle de M. le chanoine Vitasse, voulut aussi payer son tribut affectueux à un ami si regretté. L'absoute fut faite par M. l'abbé Le Roy, vicaire capitulaire. Le cortège se reforma pour se diriger vers le cimetière de la Madeleine, où l'inhumation eut lieu dans le caveau de famille. L'éloge du défunt était sur toutes les lèvres, et les enfants eux-mêmes témoignaient leurs regrets par leurs larmes.

Le vénérable Curé-Doyen de Saint-Jacques l'a dit du haut de la chaire, le lendemain des obsèques, au prône de la messe paroissiale : la paroisse Saint-Jacques pouvait prendre le deuil ; elle perdait un excellent et saint prêtre ; lui-même, un collaborateur actif, assidu, dévoué ; MM. les Vicaires, dont les larmes attestaient aussi les vifs regrets, un confrère et un collègue exemplaire et toujours prêt à leur rendre service. Le digne pasteur ajouta que pendant dix ans, jamais il n'avait vu M. l'abbé Hareux s'impatienter, ni manquer à la charité, et que jamais il ne l'avait pris en défaut.

Le corps de l'abbé Hareux repose dans le champ des morts, auprès des siens, tandis que son âme, nous en avons la douce confiance, est allée recevoir au ciel la récompense due à ses nombreux mérites. Mais sa mémoire vivra longtemps parmi les hommes. Ceux qui l'ont connu conserveront le souvenir des vertus et des exemples de ce prêtre si intérieur et si modeste, dont la vie peut se résumer, comme celle de saint Joseph qu'il affectionnait particulièrement, en trois mots: *Il était juste.*

§ III. — *Fleurs sur une tombe.*

Pendant que Mesdemoiselles Hareux cherchaient dans la prière, auprès du « Dieu de toute consolation, » un allègement à leur douleur, de tous côtés leur arrivaient des témoignages de condoléance bien propres à relever leur courage. Respirons un moment le bienfaisant parfum qui s'exhale de ce faisceau d'éloges funèbres, déposés comme un bouquet de fleurs sur une tombe que l'espérance chrétienne illumine d'un rayon d'immortalité.

Peu de temps après la mort de l'abbé Hareux, Mgr Renouard, évêque de Limoges, envoyait à Mesdemoiselles Hareux, avec ses bénédictions pour elles-mêmes, l'assurance de ses prières pour le « saint et regretté défunt. » Vers le même temps, l'évêque titulaire de Jéricho, Mgr Etienne-Marie Potron, Franciscain de la stricte observance, en promettant aussi ses prières, exprimait l'espoir que le cher mort était au ciel.

« La mort prématurée de votre cher frère m'a autant affligé que surpris, écrivait le R. P. François Loizemant, vicaire de la Chartreuse des Portes, qui avait intimement connu l'abbé Hareux lorsque, avant de devenir fils

de saint Bruno, il avait commencé à mener
la vie religieuse sous l'habit de saint François. « Mais, ajoutait-il, en pensant à tout le
bien qu'il n'a cessé de faire pendant sa trop
courte existence, nous avons tout lieu de
croire qu'il était déjà mûr pour le ciel et que
là-haut, près du bon Dieu, il nous sera d'un
plus grand secours... Ces départs précipités
nous rappellent que nous ne sommes ici-bas
que des voyageurs et que nous devons surtout et sans cesse nous rendre dignes du ciel
par le détachement de toutes les choses de la
terre et par le fidèle accomplissement de tous
nos devoirs... J'étais heureux et fier de le
voir continuer d'exercer, après votre excellent père, avec le plus entier dévouement,
la charge de syndic de nos RR. PP. Franciscains que j'avais eu l'honneur d'offrir moi-
même à votre si respectable famille. »

Le R. P. Thadée, directeur du collège
séraphique de Bordeaux, envoyait aux deux
sœurs quelques lignes non moins consolantes : « ... Je ne l'oublierai pas dans mes
prières... Il ne tardera pas à être au ciel s'il
n'y est déjà ; il menait une vie si édifiante ! »

De Béziers, le R. P. Ludovic, ancien gardien du couvent des RR. PP. Franciscains
d'Amiens, où il a laissé de si bons souvenirs,
trouvait aussi dans son cœur de bien forti-
fiantes paroles : « Pauvres enfants, disait-il,

Dieu vous aime et il sait ce qui vous est utile ; il ne frappe qu'avec une douce et aimable mesure. N'ayons jamais sur les lèvres que des paroles de bénédiction. »

La R. M. Marie du Carmel, supérieure des religieuses Auxiliatrices des âmes du purgatoire, écrivait : « Déjà, nous l'espérons, Notre-Seigneur lui a appliqué, dès son entrée dans l'éternité, les suffrages auxquels les membres honoraires de notre Société ont droit après leur mort. Nous continuerons de demander avec vous que le temps de l'expiation ne soit pas de longue durée pour cette âme si chère. »

Les religieuses de Louvencourt ne furent pas, on le pense bien, les dernières dans l'expression de leurs regrets. « Soyez-en assurées, écrivait l'une d'elles au nom de sa communauté, malgré notre confiance que votre cher frère est au ciel, un large souvenir est accordé tous les jours dans nos prières à ce saint prêtre qui, pendant plus de dix ans, nous fut donné pour guide. »

Ce n'était pas seulement du fond du cloître qu'arrivaient ces précieux témoignages de haute estime et de respectueuse sympathie : on composerait une touchante oraison funèbre en réunissant les condoléances si émues, si élogieuses pour le regretté vicaire, adressées à ses sœurs par beaucoup d'ecclésiastiques et de familles des plus honorables d'Amiens, particulièrement de la paroisse Saint-Jacques, tant à l'occasion de sa mort qu'à l'occasion de son image mortuaire, distribuée quelques mois après le décès.

Un vétéran du sacerdoce, le vénérable abbé L. Denamps, ancien aumônier des Dames de l'Espérance, résumait la pensée qui se retrouve sur un grand nombre de lettres et de cartes, lorsqu'il écrivait : « Il faudrait plutôt invoquer le saint abbé Hareux que prier pour lui. Nul doute qu'il ne jouisse de la récompense qu'il a si bien méritée. »

§ IV. — *Je vais au ciel.*

On le voit, l'abbé Hareux avait à peine quitté la terre que déjà il était presque canonisé par tous ceux, prêtres et fidèles, qui avaient vu ses exemples et reçu ses leçons. Puisse ce concert d'éloges, joint au souvenir des vertus du cher mort, adoucir les regrets de ses dignes sœurs et remplir leur âme d'une *espérance pleine d'immortalité.*

Oh! oui, vous qui portez le deuil de ce frère si aimé et si digne de l'être, séchez vos larmes, adorez les desseins de Dieu, regardez le ciel et ne vous attristez pas comme ceux qui n'ont point d'espérance. Entre vous et celui qui vous était si cher, la mort n'a pas brisé les relations : elle n'a fait que les changer. Il ne vous a pas quittées pour toujours : il vous a seulement devancées dans l'éternelle patrie. Sa vie si vertueuse et si bien remplie nous autorise à penser que le Juge, devenu pour lui un Père, l'a déjà introduit dans la gloire.

Là, nous en avons le confiant espoir, réuni à votre vénérable père, à votre pieuse mère, à vos sœurs moissonnées par la mort au printemps de la vie, à tous les membres de votre famille qui l'avaient précédé là-haut, il vous attend, il s'intéresse à vous, il intercède pour vous auprès de Dieu.

Ecoutez-le : du fond de sa tombe, ou plutôt du haut du ciel, il vous adresse ces consolantes paroles qu'il vous a laissées dans ses écrits, comme son testament spirituel, comme une exhortation suprême à la résignation et à l'espérance de le revoir au ciel :

« Loin de vous les larmes et les regrets amers ; ce serait pleurer mon bonheur. Ah ! chères sœurs, ne regardez pas la mort qui frappe ni la fosse qui se creuse ; mais plutôt voyez le ciel qui s'entr'ouvre, voyez la main de Jésus qui va me cueillir comme une fleur de son jardin. Laissez-moi quitter cette terre, cet exil avec ses souffrances, car je vais... oui, je vais au ciel !

« Au ciel ! là je verrai mon Jésus aimé, qui

tant de fois, au saint sacrifice de l'autel, a fait les délices de mon âme. Au ciel, je verrai Marie, ma Mère, dont je porte les glorieuses livrées depuis mon enfance. Au ciel, je verrai saint Joseph, le gardien de ma chasteté.

« Au ciel, je verrai les anges dont j'entendrai les concerts ineffables. Je verrai tous les Saints; ceux que j'ai aimés ici-bas, je les reconnaîtrai, et je fondrai mon cœur avec leur cœur dans le cœur de Jésus.

« Au ciel, sœurs bien-aimées, je vous attendrai, je prierai pour vous, je toucherai de mes mains votre couronne.

« Au ciel! oh! que je vais être heureux! Quelle joie, mon Dieu! quelles délices! O mort, frappe; tu es vaincue... Seigneur Jésus, hâtez-vous. Venez me cueillir comme une fleur dont la tige s'incline... et laissez-moi, oh! laissez-moi entrer avec vous au ciel, au ciel pour l'éternité! »

APPENDICE

Turin.

Parti de Paris, le lundi 24 avril, dans
l'après-midi, l'abbé Hareux arriva à Turin
le lendemain vers dix heures du soir. L'entrée des pèlerins français en Italie fut un
triomphe. Bien qu'il fît nuit, une foule sympathique les attendait à la gare pour leur
souhaiter la bienvenue, leur remettre une
adresse des plus élogieuses et leur offrir des
bouquets de fleurs. Les délégués de la jeunesse catholique et les représentants des principales familles de Turin rivalisèrent d'amabilité pour offrir, à leurs hôtes venus de
France, un gîte et un moyen de transport.

Le mercredi 26, de grand matin, l'abbé
Hareux offrit le saint Sacrifice dans l'église
du *Corpus Domini*, bâtie par la ville de
Turin, sur le lieu même du prodige, en
mémoire du miracle du Très Saint Sacre-

ment, arrivé le 4 juin 1453. Une custode d'argent, renfermant une hostie consacrée, avait été dérobée dans une église de Savoie. Une mule portait le produit de ce vol sacri- lège. Arrivée à Turin, elle roula sur le sol, jetant loin d'elle bagage et muletier. L'hostie sainte s'éleva resplendissante dans les airs, environnée d'une auréole lumineuse. Elle demeura ainsi, exposée à la vue de tous, jus- qu'à ce que l'évêque la reçût dans un calice d'or.

A sept heures, tous les pèlerins étaient réu- nis à la cathédrale pour la messe de pèle- rinage. Mgr Gastaldi, archevêque de Turin, voulut la dire lui-même. Il adressa, en fran- çais, la parole à l'assistance. Après avoir félicité ces vaillants de leur grand acte de foi, il leur dit : « Vous trouverez ici la plus sainte relique de la haute Italie, le Saint Suaire ; c'est notre protection et notre meil- leur trésor. Je l'ai vu bien des fois et j'y ai remarqué la trace du sang du Sauveur, aux pieds, aux mains, au côté, à la tête... Saint Charles Borromée est venu ici à pieds pour le vénérer ; votre saint François de Sales également ; à votre tour adorez le sang de Jésus-Christ sur l'empreinte du suaire de Joseph d'Arimathie. »

Et alors les pèlerins s'approchant, tou- chèrent avec amour, les uns après les autres, cette précieuse dépouille, ce témoignage sanglant de la mort et de la résurrection de Notre Seigneur.

A neuf heures du matin, nos pieux voyageurs quittaient Turin pour arriver, vers quatre heures du soir, à Gênes, où les attendait une réception non moins cordiale.

Gênes.

L'abbé Hareux s'empressa d'adresser quelques lignes à sa famille :

« *Gênes, le 26 avril 1876.*

« Mon bien cher père,

« J'arrive à Gênes très bien portant. Jusqu'ici notre voyage à été très bon sous tous rapports et partout l'on nous a bien reçus. J'espère que toutes vos chères santés sont aussi bonnes... Je ne manque pas de prier pour vous dans tous les sanctuaires que je visite. »

Le jeudi 27, les pèlerins français se réunirent le matin à la chapelle du grand hôpital, l'un des plus grands édifices de Gênes la Superbe. Mgr Arnoldi, dans une éloquente allocution, félicita la France de donner, toujours la première, l'exemple dans les nobles combats de la foi. « Vous êtes, dit-il aux pèlerins, les premiers ouvriers perçant le mur d'airain où d'autres passeront après vous... Vous allez à Rome, la ville des destinées du monde ; car de ses murs séculaires sont constamment sortis les héros qui ont changé la face des sociétés humaines... Le trône d'où ont été précipités les Césars est devenu la chaire du haut de laquelle le Vicaire de Jésus-Christ parle à l'univers... »

L'abbé Hareux eut la consolation de dire la messe à la basilique de Saint-Laurent, dans la splendide chapelle de Saint-Jean-Baptiste. On y vénère les cendres du saint précurseur, apportées à Gênes en 1097 et renfermées dans une châsse splendide, soutenue par quatre colonnes de porphyre. C'est là aussi que l'on conserve les chaînes dont l'importun prédicateur de la chasteté et de la pénitence fut chargé par Hérode.

Dans la sacristie de la métropole, on montra aux pèlerins français le *Disco,* c'est-à-dire le plat d'agate dans lequel la tête sanglante de Jean-Baptiste fut présentée à l'impudique Hérodiade. On leur fit voir également le *Sacro Catino,* trouvé à la prise de Césarée en Palestine, l'an 1101. C'est, dit-on, dans ce vase d'émeraude, don de la reine de Saba à Salomon, que fut servi l'agneau pas-

cal que Notre-Seigneur mangea avec ses dis-
ciples dans la dernière Cène.

Ce séjour des pèlerins à Gênes fut de courte
durée, mais M. Hareux savait utiliser tous
ses instants. Ses notes de voyage nous permettent de le suivre à la cellule de sainte
Catherine de Gênes, auprès de la châsse de
cette illustre sainte, dont le corps, parfaitement intact, repose là depuis trois cent
cinquante ans. Jésus a imprimé le cachet
de l'immortalité jusque dans la chair de
celle qui l'a tant aimé. Couchée sur un lit de
satin, la tête couronnée de roses, les mains
et les pieds découverts, sainte Catherine
de Gênes est, plus encore que Christophe
Colomb, la gloire de cette noble cité. Accompagnons encore par la pensée notre fervent
pèlerin à l'église de l'Annunziata, remarquable par sa façade revêtue de marbre
blanc, sa coupole dorée et la magnificence
de sa décoration intérieure ; à Sainte-Marie
de Carignan, sur une hauteur où la vue jouit
d'un spectacle qui remplit l'âme d'admiration. N'oublions pas de mentionner les su-
perbes palais qui ont fait dire que Gênes
semble avoir été bâtie pour un congrès de
rois.

Pise.

Le 27 avril, un peu après midi, le pèlerinage se mit en route pour Pise, où il arriva le soir du même jour. Nous ne parlerons pas des nombreux tunnels — environ quatre-vingt-dix entre Gênes et Pise, — des splendides carrières de marbre blanc de Carrare, des félicitations que nos pèlerins reçurent à la station de Massa, de la part de l'évêque de cette ville. Le cadre de ce travail nous impose, on le comprend, une certaine modération de détails dans le récit d'un voyage qui présente tant d'intérêt et d'édification.

A Pise comme ailleurs, l'accueil fait aux Français fut très cordial. « Vous êtes l'élite des enfants de la France et nous nous sentons très heureux de vous recevoir dans nos murs, leur dit le Président des associations catholiques. Vous avez compris que le salut des peuples est avec Jésus-Christ et son Vicaire infaillible... Vous donnez au monde le spectacle le plus salutaire, le plus édifiant Vous êtes grands dans votre piété, vous êtes héroïques dans votre dévouement... »

Le vendredi 28, la messe de pèlerinage fut célébrée dans la cathédrale, appelé le Dôme ; elle fut suivie d'une procession au baptistère et au *Campo santo*. L'abbé Hareux, on le sait, n'était pas seulement un prêtre pieux et zélé : antiquaire, érudit, il avait le sentiment de l'art, surtout de l'art chrétien. Après avoir satisfait sa dévotion, il examina la cathédrale de Pise, monument considérable dans l'histoire de l'architecture italienne. Il vit aussi avec un vif intérêt la fameuse tour penchée qui sert de campanile. Le *Campo santo* est un ancien cimetière réservé aux personnages de marque. Il est recouvert d'une couche de terre apportée du mont Calvaire, et les fresques qui l'environnent font l'admiration des siècles.

Le baptistère n'intéresse pas moins le pèlerin et le touriste. C'est un monument de forme ronde, surmonté d'un dôme orné de mille peintures. Il n'est pas moins célèbre par ses échos si étranges et si harmonieux que par la richesse de ses marbres et la perfection de ses sculptures.

Florence.

La dernière étape avant Rome était Florence, qui justifie son renom de beauté : « *Firenze la bella*, Florence la belle. » C'est bien la reine de la Toscane, la ville des fleurs, la fleur de l'Italie, qui semble reposer sur un coussin de verdure, au fond d'une corbeille qu'entourent les Apennins et qu'arrose l'Arno.

Il faisait un temps superbe lorsque les pèlerins français firent leur entrée dans cette ville. Après s'être assuré un gîte à l'hôtel, l'abbé Hareux se dirigea vers la place du Dôme. On y admire, comme à Pise, un groupe d'édifices remarquables. La cathédrale, appelée aussi Sainte-Marie des Fleurs, a vu, en 1438, le célèbre concile œcuménique de Florence. C'est un vaste édifice où l'on a prodigué les marbres les plus précieux ; l'immense coupole, plus large que celle de Saint-Pierre de Rome, est un prodige de hardiesse. Le baptistère doit surtout sa célébrité à ses trois portes de bronze, ciselées avec un art merveilleux. Celle du milieu n'a pas coûté moins de vingt-cinq ans de travail ; et Michel-Ange a dit qu'elle mériterait d'être la porte du paradis. Quant au campanile revêtu de marbres aux couleurs variées, il n'a pas son pareil pour la richesse, la légèreté et la grâce.

Sainte-Croix, l'ancienne église des Franciscains, est le Panthéon de Florence. C'est là que les grands hommes de l'opulente cité dorment leur dernier sommeil. En méditant sur la vanité des grandeurs humaines, M. Hareux donna un regard aux mausolées où sont inscrits les noms de Chérubini, Michel-Ange, Machiavel, Galilée, Dante. Ce dernier, pour qui Florence fut « une mère de peu d'amour, » mourut en exil, et Sainte-Croix ne possède que son cénotaphe. Notre fervent tertiaire d'Amiens s'arrêta avec bonheur devant les fresques attribuées à Giotto et retraçant la vie de saint François, mais surtout devant le portrait du Séraphique, peint, dit-on, d'après nature, par Cimabué.

A sept heures du soir, il se rendit à l'église de l'Annunziata, pour assister à la réunion générale des pèlerins. Là, il ne fut pas sans doute insensible à l'éclat des marbres ni aux mérite des peintures ; il s'estima heureux de vénérer le corps de sainte Julienne de Falconiéri ; mais la grande joie de son àme, ce fut de prier devant la Madone miraculeuse, le plus précieux joyau de ce riche écrin.

Comment décrire les magnificences de cette chapelle si aimée, où Florence vient déposer ses joies et ses douleurs, ses craintes et ses espérances ! L'autel, construit par Pierre de Médicis, resplendit d'argent, d'or et de pierreries. La sainte image de la Mère de Dieu a été, dit-on, achevée par les Anges. Constamment voilée, elle n'est montrée aux fidèles que dans des circonstances extraordinaires. Elle n'avait pas été découverte depuis vingt ans. C'est un profil aux mains jointes dont la tête est ornée d'une couronne de pierres précieuses appliquée sur la muraille ; une main pieuse a jeté sur les épaules un manteau de la même décoration.

Devant la Madone brûlent sans cesse cinquante lampes d'or, d'argent et de bronze. Le pavé de la chapelle est de porphyre et de granit égyptien. Les murs sont incrustés d'agates, de jaspe et d'autres pierres précieuses. Le devant de l'autel, en argent ciselé, étincelle également de pierreries.

Pendant que l'abbé Hareux, prosterné devant cette sainte image, se consacrait de nouveau à sa bonne Mère du ciel et qu'il la priait de toute son âme, non seulement pour lui-même, mais aussi pour ses bien-aimés parents, pour ses amis, pour sa chère maison de Louvencourt, il sentait son émotion s'aviver, sa ferveur s'accroître, sa piété pour Marie devenir plus tendre, plus généreuse et plus confiante ; il sentait aussi des larmes couler de ses yeux, en pensant que l'angélique saint Louis de Gonzague était agenouillé ici, dans cette même chapelle, sur ce même pavé, devant cette même Madone miraculeuse, lorsque, à l'âge de neuf ans, il s'offrit à la Sainte Vierge en se consacrant à elle par un vœu perpétuel.

Rome.

Peu de jours après son départ de Florence, l'abbé Hareux écrivait la lettre suivante :

Rome, le 1er mai 1876

MON BIEN CHER PÈRE,

« Je suis arrivé à Rome samedi dernier à onze heures du soir. Ma santé était très bonne et continue de l'être. J'ai une masse de choses très intéressantes à vous raconter, ce que je ne manquerai pas de faire quand je serai de retour à Amiens. Pour le moment, qu'il me suffise de vous dire que je ne vous oublie pas dans les sanctuaires que j'ai le bonheur de visiter. Voici, en abrégé, ma journée d'hier : Après avoir offert le saint sacrifice dans une petite église, j'ai assisté à la messe de pèlerinage à la Minerve, où se trouve le corps de sainte Catherine de Sienne, dont on célébrait la fête. Nous avons ensuite visité différentes églises du Corso, etc...

« Adieu, mon bien cher père ; priez pour moi, ainsi que mes sœurs, et écrivez-moi le plus tôt possible. »

Le carnet de notre pieux pèlerin supplée heureusement au laconisme forcé de ses

lettres. Il nous donne son itinéraire et nous
indique ses stations aux monuments qui
remplissent la grande ville des souvenirs. Il
nous le montre portant toujours ses premières pensées vers ce qui peut nourrir sa
piété, et désireux avant tout de s'édifier dans
ce centre de toutes les gloires de la religion
catholique. Nous allons tâcher de le suivre
en quelque sorte pas à pas et de reproduire
aussi fidèlement que possible la physionomie
de chacune de ses journées dans cette Rome
si chère à tout cœur catholique et dans les
autres villes d'Italie.

Dimanche 30 avril. — *Sainte Catherine de Sienne.* —
Visite aux églises. — *La* Mater admirabilis. — *Souvenirs de saint Pierre.*

A huit heures du matin, l'abbé Hareux
avait eu la consolation de prier, dans la
magnifique église de la Minerve, desservie
par les Dominicains, devant le corps de sainte
Catherine de Sienne, et de visiter la chambre
de cette illustre sainte. A Saint-Jacques au
Corso, qui appartenait jadis aux Espagnols
et qui est devenue récemment la propriété
des missionnaires du Sacré-Cœur d'Issoudun,
il vénéra le cœur de saint Charles Borromée,
son crucifix d'or et un linge imbibé du sang
qui coula de ses pieds lorsqu'il fit, pieds nus,
la célèbre procession de la peste.

17

A l'église Saint-Marc, près de la place de
Venise, il trouva des trésors non moins précieux pour sa piété. Fondée primitivement
au iv° siècle, par le pape saint Marc, en l'honneur de l'évangéliste de ce nom, cette église
possède les restes de ces deux Saints. Ils
reposent dans l'urne de l'autel, riche sarco-
phage antique : Le trésor renferme, entre
autres reliques, une lettre autographe de
sainte Véronique Giuliani, la mosette de saint
Pie V, le cilice de sainte Brigitte, un doigt de
sainte Madeleine ; un morceau du suaire,
encore teint de sang, qui couvrit la tête de
Notre-Seigneur dans le tombeau, trois épines
de la sainte Couronne et un linge imbibé du
sang et de l'eau qui coulèrent du côté de
Jésus-Christ sur la croix.

Accompagné de M. R***, ami de sa famille,
et de plusieurs pèlerins auxquels il fut heureux de pouvoir rendre service, grâce à
l'étude approfondie qu'il avait faite de Rome
chrétienne, l'abbé Hareux visita ensuite les
sanctuaires de Saint-Jacques des Incurables
et de Sainte-Marie des Miracles, sur la place
du Peuple. De là, il se rendit à l'église de la
Trinité des Monts. Bâti par Charles VIII,
roi de France, sur les instances de saint François de Paule, restauré par Louis XVIII, ce
sanctuaire appartient aux Religieuses fran-
çaises du Sacré-Cœur, fondées par la Véné-

rable Mère Barat. Nos pèlerins y admirèrent la Descente de Croix, de Daniel de Volterra, l'un des chefs-d'œuvre de la peinture. Ils ne manquèrent pas d'aller prier, dans un des cloîtres du couvent, devant la Madone miraculeuse nommée *Mater admirabilis*.

Une promenade au Pincio était un délassement légitime après ces premières visites. L'après-midi fut consacrée à saint Pierre, le prince de la Rome chrétienne. D'abord, son incomparable basilique au Vatican; puis, après une double station à Saint-Jean des Florentins et au couvent de Saint-Onuphre, célèbre par la chambre et le tombeau du Tasse, l'église de Saint-Pierre in Montorio. Elle s'élève sur le mont Janicule, à l'endroit où le chef des Apôtres a été crucifié. Dans la chapelle souterraine, un religieux franciscain montre la fosse où fut plantée la croix de saint Pierre; il en retire une pincée de sable jaune que les pèlerins emportent comme souvenir. De la terrasse qui précède l'église, on jouit d'un magnifique panorama de Rome, des montagnes du Latium et de la plaine qui s'étend au delà de la basilique Saint-Paul jusqu'à la mer.

LUNDI Ier MAI. — *Saint-Louis des Français.* — *Saints de de la Compagnie de Jésus.* — *Le Bambino.* — *Le Capitole.* — *Musées du Vatican.*

Ancien élève de la Providence, M. Hareux conserva toujours une sorte de culte pour la vaillante Compagnie de Jésus. Aussi, quelle joie de vénérer les reliques et les souvenirs des Saints qui en font la gloire ! Le surlendemain de son arrivée à Rome, nous le voyons admirant les beautés de l'église de Saint-Ignace ; en prière dans la chapelle de Saint-Stanislas Kostka ; puis agenouillé devant l'autel de la Sainte-Vierge, sous lequel reposent les restes du Bienheureux Jean Berchmans. Comme il lui est doux de prier près du splendide autel de Saint-Louis de Gonzague, devant l'urne en lapis lazuli qui renferme les restes de celui qui fut un ange dans un corps mortel ! Mêmes émotions au Gesu, l'une des plus riches églises de Rome. Il vénère le corps de saint Ignace, à son autel où brûlent trente-deux lampes de bronze ; il admire sa belle statue d'argent, haute de dix pieds, et il lui demande de se dévouer, à son exemple, pour la plus grande gloire de Dieu. Il se sent attiré ensuite vers l'autel de Saint-François Xavier. Là, il contemple, dans un riche médaillon, le bras droit et la main de l'apôtre du Japon, dont les cinq doigts, desséchés mais intacts, étincellent de pierreries.

Avec quelle pieuse avidité il respire le parfum de sainteté et d'inaltérable dévouement à l'Eglise qui s'exhale de ces sanctuaires ainsi que des chambres de saint Ignace, de saint Louis de Gonzague et du Bienheureux Berchmans !

Nous le trouvons le même jour, un peu plus tard, à l'église de Sainte-Marie *in Ara-Cœli,* construite au lieu même où la Sainte Vierge, tenant son fils entre ses bras, se fit voir à l'empereur Auguste, dans le ciel, au milieu d'un cercle d'or. C'est dans ce sanctuaire que nos pèlerins visitèrent la célèbre statue de l'Enfant Jésus appelée le *Santissimo Bambino.* Ils visitèrent, dans le voisinage, le Capitole, la roche tarpéienne, le musée Capitolin et la prison mamertime, célèbre surtout par la captivité des saints apôtres Pierre et Paul.

De là, l'abbé Hareux et le petit groupe qui l'accompagnait se rendirent au Vatican, pour revoir la merveilleuse basilique et faire connaissance avec les chefs-d'œuvre que renferment les Loges et les Chambres de Raphaël. Au retour, l'église de Saint-Roch offrit à leurs hommages un bras de ce Saint, puissant contre la peste. A Saint-Augustin, ils vénérèrent le corps de sainte Monique et prièrent devant la célèbre Madone *del Parto,* objet d'une dévotion extraordinaire. Cette statue de la Sainte Vierge qui est en marbre, est pour ainsi dire, accablée sous les *ex-voto* les plus précieux et entourée d'une forêt de lumières.

M. l'abbé Hareux avait trop l'amour de la France pour ne pas visiter Saint-Louis des Français, la plus grande de nos églises nationales à Rome. Après avoir adoré Notre-Seigneur au Très Saint Sacrement, il admira les fresques du Dominiquin, représentant la vie de sainte Cécile. Il s'arrêta devant les chapelles de Saint-Denis, de Saint-Louis, roi de France, de Sainte-Jeanne de Valois, et il fit une dernière prière devant la tombe du magnanime Pimodan qui commandait l'infanterie pontificale à la journée de Castelfidardo.

A ces jouissances si douces pour l'esprit et pour le cœur vint s'ajouter, pour le pieux aumônier de Louvencourt, la satisfaction de recevoir des nouvelles de sa famille. Son père lui écrivait d'Amiens le 28 avril :

J. M. J.

« Mon bien cher Fils,

« Nous sommes au comble de la joie d'apprendre que les fatigues du voyage n'ont pas jusqu'ici causé de dérangement à vos santés. Dieu veuille qu'il en soit ainsi jusqu'à votre retour. Nous suivons jour par jour votre itinéraire et en ce moment nous vous voyons arrivés à Florence. M. l'abbé Corblet, qui prend un intérêt tout particulier à votre voyage, vient de nous communiquer une dépêche de l'*Univers*, d'après laquelle votre entrée en Italie est un véritable triomphe. Je te prie de présenter mes compliments respectueux à M. le Curé de Saint-Remi ainsi qu'à M. Reinsbach, et de ne pas nous oublier dans tes prières. »

Cette lettre en contenait une autre, écrite par les sœurs de l'abbé Hareux. Elles lui disaient :

« Demande au bon Saint-Père, que nous aimons beaucoup, une bénédiction particulière pour notre famille, pour les personnes auxquelles nous nous intéressons, pour les œuvres dont nous nous occupons. Demande-lui de nous obtenir toutes les grâces que nous désirons pour la plus grande gloire de Dieu et le salut de nos âmes. Prie aussi pour nos chers défunts. Au tombeau des saints Apôtres, recommande la conversion de X... Le bon Dieu t'accorde une grande faveur ; n'oublie pas ton cher père et tes chères sœurs. A Notre-Dame de Lorette, demande à la Sainte Vierge que nous imitions son humilité et sa simplicité. »

L'abbé Hareux dit la messe à la basilique de Sainte-Marie Majeure. C'est là que les Français avaient rendez-vous au pied de l'image miraculeuse de Marie, peinte par saint Luc. La Madone était brillamment illuminée. Le T. R. P. Régis, supérieur général des Trappistes, célébra la messe de pèlerinage. Après le saint sacrifice, il retraça avec talent, dans une allocution pleine d'à-propos, les malheurs des temps présents et et les espérances de la France et de l'Italie, deux nations riches en souvenirs, mais douloureusement éprouvées.

Avec quel attendrissement nos pèlerins épanchèrent leur âme, dans cette basilique, devant la crèche de Notre-Seigneur, conservée dans un reliquaire de vermeil enrichi de pierreries; puis, à Sainte-Praxède, devant la colonne de la Flagellation! Ils virent aussi avec intérêt, dans cette dernière église, la table de marbre qui servait de lit à l'illustre fille du sénateur Prudens converti par saint Pierre avec sa famille, le puits où sainte Praxède recueillait le sang et les ossements des martyrs, le fauteuil de saint Charles Borromée et la table à laquelle il recevait et servait lui-même les pauvres.

A Saint-Pierre-ès-Liens, l'abbé Hareux avait admiré le Moïse de Michel-Ange et baisé avec amour les glorieuses chaines du prince des Apôtres. A Sainte-Marie-des-Monts il s'agenouilla pieusement devant la Madone miraculeuse et devant la tombe de saint Benoît Labre, qui a tant aimé, tant souffert, tant prié dans ce sanctuaire, où il tomba en défaillance après sa longue oraison du matin, le 16 avril 1783. Il visita ensuite, à quelques pas de l'église, la maison hospitalière où le saint mendiant français rendit à Dieu sa belle âme le soir du même jour. Nous ne pouvons que suivre rapidement nos pèlerins à la place Monte-Cavallo et au Quirinal, à la fontaine Trévi, la plus somptueuse de Rome et peut-être la plus abondante de l'univers ; au Forum Romanum avec ses arcs de triomphe, ses temples, ses colonnes et ses souvenirs ; au mont Palatin, où l'on voit encore des ruines des palais des Césars ; aux églises de Sainte-Françoise Romaine, qui abrite le corps de la Sainte ; de Sainte-Marie Libératrice, en face du temple d'Antonin et de Faustine ; de Saint-Côme et Saint-Damien. Ce dernier sanctuaire, bâti sur l'emplacement de l'ancien temple de Romulus et de Rémus, possède une Madone qui aurait parlé, dit-on, à saint Grégoire le Grand.

Comment dire ce que M. Hareux éprouva au Colisée, en contemplant ce champ de bataille où le christianisme sans armes a vaincu le monde païen! Ah! sans doute en arrosant de ses larmes cette terre consacrée par le sang de tant de milliers de martyrs, il s'encouragea à la vertu par les grands exemples de ces héros de la foi.

MERCREDI 3 MAI. — *Saint-Jean de Latran et Sainte-Croix-en-Jérusalem. — Reliques insignes. — Catacombe de Saint-Calixte.*

Ce jour où l'Eglise célèbre la fête de l'Invention de la Sainte Croix, fut heureusement choisi pour la vénération des reliques de la Passion, si nombreuses à Rome. Après la messe célébrée à Saint-Jean de Latran, on montra aux pèlerins réunis dans cette basilique mère et maîtresse de toutes les églises, d'abord, dans le petit sanctuaire où elle est conservée, la table sur laquelle Jésus-Christ célébra la dernière Cène et institua le sacrement adorable de l'Eucharistie, puis les nombreuses reliques du trésor, notamment : une partie du vêtement de pourpre de Notre-Seigneur, une partie de la tête de saint Pierre et de celle de saint Paul, la chaîne qui liait saint Jean lorsqu'on l'emmena prisonnier d'Ephèse à Rome, un bras de l'impératrice sainte Hélène, du sang de saint Charles

Borromée et une partie du cerveau de saint Vincent de Paul.

Afin de gagner les nombreuses indulgences attachées à cet acte de dévotion, M. Hareux monta — à genoux, comme on le fait toujours — la *Scala santa*, c'est-à-dire l'escalier du prétoire de Pilate que Notre-Seigneur, dans la matinée du jour de sa passion, monta et descendit plusieurs fois en y répandant des gouttes de sang que l'on voit encore aujourd'hui.

Avec quel respect le pieux abbé Hareux entra ensuite dans l'église de Sainte-Croix-en-Jérusalem, construite par sainte Hélène, qui fit recouvrir ce sanctuaire de terre sainte apportée du mont Calvaire et y déposa les précieuses reliques qu'on y vénère encore aujourd'hui : trois morceaux insignes de la croix de Notre-Seigneur, la majeure partie du titre de la Vraie Croix, deux épines de la sainte Couronne, un des clous de la crucifixion, le doigt que saint Thomas mit dans la plaie du Sauveur, la traverse de la croix du Bon Larron, etc. !

De la basilique de Sainte-Croix M. l'Aumônier de l'orphelinat de Saint-Acheul se dirigea vers la voie Appienne où il visita des sanctuaires riches en souvenirs : celui des saints Nérée et Achillée, élevé en l'honneur de ces martyrs, dont les restes reposent sous le maître-autel ; l'église du *Domine quo vadis?* qui rappelle l'apparition de Notre-Seigneur à saint Pierre, lorsque, vaincu par les instances des chrétiens, il fuyait, à la faveur de la nuit, la persécution de Néron; la basilique de Saint-Sébastien, où l'on vénère le tombeau de ce glorieux martyr, la colonne à laquelle il fut attaché et une flèche qui resta fixée dans son corps.

Pour n'être pas trop incomplet, mentionnons encore, en cette même journée, la catacombe de Saint-Calixte avec sa chapelle de Sainte-Cécile ; le tombeau de Cécilia Métella ; les magnifiques horizons de cette partie de la *Via Appia,* et enfin une visite à l'église des Saints-Apôtres, dont les peintures qui décorent la voûte publient les triomphes de l'Ordre de Saint-François. Unissons-nous à nos heureux pèlerins et vénérons dans ce sanctuaire les corps de saint Philippe et de saint Jacques, apôtres, qui reposent dans la confession, sous le maître-autel ; puis, sous l'autel de Saint-Antoine de Padoue, les restes précieux de sainte Claudia et de sa fille sainte Eugénie, une illustre martyre du IIIe siècle.

JEUDI 4 MAI. — *Encore Saint-Pierre de Rome. — Sainte-Agnès. — Cimetière des Capucins. — Sainte-Marie des Anges.*

On a dit de Saint-Pierre de Rome que « c'est le chef-d'œuvre de l'Italie, la merveille de Rome, le seul travail de l'art sur notre terre qui produise l'effet d'une merveille de la nature... Il est plus étonnant la millième fois que la première ; tout y est à sa place dans une admirable proportion. Ici, voyez, revoyez, et vous serez toujours content. » C'est dans cette merveilleuse basilique que nous retrouvons l'abbé Hareux dans la matinée du 4 mai. Après y avoir dit la messe, il fit son action de grâces sur la pierre de la Confession, sur cette tombe vénérable qu'ont baisée tant de personnages illustres et tant de saints ! A huit heures et demie, la messe du pèlerinage fut célébrée à l'autel de la Chaire de Saint-Pierre. Avec quel enthousiasme prêtres et fidèles chantèrent le *Credo* et le *Magnificat !* Beaucoup d'entre eux — et notamment celui qui fait le sujet de cette notice, — allèrent ensuite prier à l'église Saint-Augustin, devant le corps de sainte Monique dont on faisait la fête ce jour-là.

Les Actes des martyrs ne nous offrent rien de plus touchant que les pages consacrées à sainte Agnès, cette glorieuse vierge de treize ans qui triompha de la faiblesse de son âge et de la cruauté des bourreaux. L'abbé Hareux ne voulut pas se priver du bonheur de prier dans l'église qui s'élève sur la place Navone, près de l'ancien Cirque agonal, à l'endroit même où cette héroïque enfant remporta une si noble victoire. Dans ce gracieux sanctuaire, il admira les bas-reliefs de marbre et les peintures de la voûte qui chantent la gloire de la vierge martyre. En descendant dans le souterrain, ses yeux rencontrèrent une fresque représentant Agnès gardée par un ange. Ce qu'il éprouva en pénétrant sous les sombres voûtes de la prison où la Sainte, après avoir été miraculeusement couverte de ses cheveux, fut décapitée et livrée aux flammes, nous n'essaierons pas de l'exprimer. Il lui sembla assister à la scène du martyre de la gracieuse et héroïque enfant, dépeinte avec des couleurs si vives par saint Ambroise (1).

Encore sous l'impression de ces souvenirs, l'abbé Hareux se rendit au palais Altieri, où avait lieu la réunion des pèlerins français. On fit la lecture du projet d'adresse au Saint-Père. Cette adresse, chaque pèlerin fut invité

(1) Voir l'*Année liturgique*, par Dom GUÉRANGER, au XXI janvier. Voici quelques extraits de ce touchant récit : « ... Prête à mourir pour le Christ, son céleste fiancé, Agnès présente tout son corps à la pointe du glaive. Son cou, ses mains, elle les passe dans les fers qu'on lui présente ; mais on n'en trouve pas qui puissent serrer des membres si petits. . Pleine de joie, elle s'avance vers le lieu du supplice, couronnée non de fleurs, mais de pureté. Tous étaient en larmes, elle seule ne pleure pas... Elle se présente, elle prie, elle courbe la tête. Vous eussiez vu trembler le bourreau, la main agitée, le visage pâle, comme si lui-même eût été condamné... »

à la signer, en recevant sa carte pour l'audience du lendemain et la petite croix écarlate portant au revers ces mots : *In hoc signo vinces.*

A Rome surtout le temps est trop précieux pour perdre un instant. Le reste de la journée fut employé à visiter de nouvelles églises. D'abord celle des Capucins, où l'on remarque le Saint Michel, chef-d'œuvre du Guide et la pierre tombale du cardinal Barbérini avec cette épitaphe : « *Hic jacet pulvis, cinis et nihil :* Ci-gît de la poussière, de la cendre, rien. » Au couvent des Capucins attenant à l'église, nos pèlerins visitèrent le curieux cimetière ou charnier souterrain. La voûte et les parois sont couvertes d'ossements humains formant des dessins, des guirlandes, même des lustres suspendus. Dans les vastes caveaux apparaissent des morts dans l'attitude de la prière ou du sommeil, revêtus de leur robe grossière et le crucifix à la main.

Il y aurait beaucoup à dire sur Sainte-Marie des Anges, l'une des plus belles églises de Rome et des plus riches en marbres et en tableaux. L'abbé Hareux s'arrêta avec admiration devant la belle et pieuse statue de saint Bruno, par Houdon, sculpteur français. Clément XIV disait de ce chef-d'œuvre : « Il parlerait si la règle de son ordre ne le lui défendait. »

Une dernière visite fut pour la double basilique de Saint-Clément qui offre un intérêt exceptionnel pour l'archéologie sacrée.

VENDREDI 5 MAI. — *Audience générale de Pie IX aux pèlerins.*

Journée heureuse entre toutes et inoubliable pour nos pèlerins. Ils eurent l'honneur d'être admis à l'audience du Saint-Père. Soixante-dix diocèses de France étaient représentés. Le vicomte de Damas lut d'une voix émue une adresse qui finissait par cette protestation de fidélité et de dévouement au Vicaire de Jésus-Christ : « Au Roi dépouillé, nos richesses, notre obéissance, notre amour et notre vie. Au Roi docteur, notre foi pleine, entière, inaltérable. Au Roi Pontife, nos prières et nos sacrifices... Nous sommes tous prêts à mourir pour l'Eglise et pour le Pape. » Alors Pie IX, relevant sa noble tête couronnée de cheveux blancs et rayonnante de sérénité, adressa aux pèlerins une magnifique allocution, dans laquelle il recommanda avant tout l'esprit de pénitence et de persévérance dans les bonnes œuvres. Il bénit ensuite ses dévoués enfants de la France dont beaucoup étaient émus jusqu'aux larmes.

Le même jour, l'abbé Hareux fut admis à présenter ses hommages au cardinal Antonelli. Il eut ensuite la satisfaction d'admirer les principaux chefs-d'œuvre que la Papauté, protectrice des arts et des lettres, a réunis dans le musée et la bibliothèque du Vatican.

SAMEDI 6 MAI. — *Messe à Saint-Pierre. — Audience particulière du Saint-Père. — Souvenirs de saint Paul.*

Le 6 mai, les pèlerins assistèrent à la messe célébrée à la basilique de Saint-Pierre par Son Eminence le Cardinal Borromée, qui leur avait donné la veille, dans le palais Altieri, sa résidence, une délicieuse soirée. M. Hareux fut ensuite favorisé, avec quelques amis, d'une audience particulière de Pie IX. L'après-midi, visite à la villa Borghèse, au nord de Rome ; puis, dans la direction opposée, à Saint-Paul hors des Murs, où l'on conserve le corps et les chaînes de l'Apôtre des nations, et à Saint-Paul aux trois Fontaines. Cette église doit son nom aux trois sources qui jaillirent miraculeusement aux endroits où la tête de l'Apôtre, tombant sous le glaive, bondit trois fois, en laissant échapper au lieu de sang, du lait qui rejaillit sur la tunique du bourreau et le convertit.

Dans ces sanctuaires vénérables, l'abbé Hareux éprouva beaucoup de consolations spirituelles. Ce fut de toute l'ardeur de son âme qu'il demanda à saint Paul, son patron,

sa sanctification personnelle et celle des âmes
dont il avait la direction.

DIMANCHE 7 ET LUNDI 8 MAI. — *Excursion à Naples et
aux environs.*

On a dit : « *Veder Napoli, poi mori.* Voir
Naples et puis mourir. » C'est qu'en effet,
après Rome, qui est avant tout la ville des
âmes, Naples est, du moins sous certains
rapports, la plus belle ville du monde. « Rien
n'est beau comme son ciel bleu, son large
soleil, ses riches horizons, ses habitants aux
yeux noirs, aux nonchalantes habitudes, aux
énergiques passions (1). »

Le soir du 6 mai, l'abbé Hareux, accompagné de quelques amis, partit de Rome pour
cette cité enchanteresse. Il assista au miracle
de la liquéfaction du sang de saint Janvier
qui s'opère trois fois par an (2) et se renouvelle chaque fois pendant huit jours. Deux
chanoines de la collégiale apportent le buste
en argent de saint Janvier et le placent sur
l'autel. Cette statue renferme le crâne du
martyr. Les deux fioles antiques remplies de
son sang coagulé sont placées devant la tête
du saint. Pendant que la foule prie avec ferveur, un bouillonnement se produit dans les

(1) *La France catholique à Rome*, 2ᵉ édit., p. 149.
(2) Le premier samedi de mai, le 19 septembre et le
18 décembre.

fioles et le sang, redevenu liquide et vermeil,
les remplit presque en entier. Aussitôt écla-
tent les chants d'actions de grâces, les cloches
se mettent en branle, le canon tonne et les
navires se pavoisent.

Après avoir visité à Naples l'église de
Sainte-Claire, la Chartreuse de Saint-Martin,
splendide monastère au milieu des magnificences de la nature, nos voyageurs firent
une excursion à Pouzzoles. On voit encore
dans cette antique cité les ruines de l'amphi-
théâtre où saint Janvier et ses compagnons
furent exposés aux lions. Ajoutons qu'à
Pouzzoles M. Hareux retrouva les traces de
son patron saint Paul.

MARDI 9 MAI. — *Retour à Rome. — Saint-Laurent hors
des Murs. — Eglises de Saint-Bonaventure, Sainte-
Sabine et Saint-Alexis.*

Le 9 mai, notre cher abbé était de retour à
Rome. Il assista à la messe célébrée dans la
basilique de Saint-Laurent hors des Murs, au
milieu d'une foule très nombreuse de pèlerins
représentant plus de dix nations différentes.
Au généreux martyr saint Laurent, dont le
corps repose dans la crypte, il demanda le
courage dans les combats de la vie.

Au cimetière qui avoisine cette basilique,
il s'arrêta surtout, non sans laisser tomber
une prière de son cœur et de ses lèvres, devant

le monument élevé à la mémoire des zouaves pontificaux.

Dans l'après-midi, nous le trouvons dans l'église de Saint-Bonaventure, desservie par les Franciscains de la stricte observance. Notre fervent tertiaire respira avec bonheur le parfum de pauvreté et de piété qui s'exhale de l'église et du couvent, ainsi que de la cellule de saint Léonard de Port-Maurice dont il vénéra le corps, le crucifix, la ceinture de corde, la discipline de fer, etc.

D'autres lieux de dévotion l'attiraient à quelque distance de là. D'abord, sur le mont Aventin, le couvent de Sainte-Sabine, ancien palais pontifical devenu un monastère de Dominicains. Saint Thomas d'Aquin, saint Pie V et d'autres Saints l'ont habité. Dans le jardin existe un oranger planté par saint Dominique. On remarque à l'entrée de l'église la dalle tumulaire sur laquelle l'instituteur du Rosaire se prosternait pour prier. Dans la confession reposent les corps de sainte Sabine et de plusieurs autres martyrs.

Près de là s'élève l'église de Saint-Alexis. Nos pèlerins considérèrent avec une vive curiosité l'escalier de bois sous lequel le saint vécut ignoré pendant dix-sept ans dans la maison de son père. Après avoir admiré le magnifique panorama dont on jouit en cet endroit, ils retournèrent à leur hôtel. Ils sen-

taient le besoin de puiser dans un sommeil
réparateur de nouvelles forces pour continuer le lendemain leurs intéressantes pérégrinations.

Mercredi 10 mai. — *Saint-François à Ripa et ses reliques. — Sainte-Cécile. — Sainte-Marie au Transtévère.*

Le grand esprit de religion qui animait
l'abbé Hareux le portait surtout vers les reliques insignes qui font la principale richesse
de Rome chrétienne. Le 10 mai, son journal
de pèlerinage nous permet de le suivre de
nouveau à Sainte-Croix-en-Jérusalem et à la
Scala Santa ; puis à Saint-François à Ripa,
où l'on voit le corps de la bienheureuse
Louise d'Albertone, tertiaire de Saint-François, reposant sous son autel qui est surmonté
de sa statue couchée sur une draperie d'al-
bâtre ; la cellule de saint François et la pierre
qui lui servait d'oreiller ; le retable formant
comme un vaste reliquaire dont l'ingénieux
mécanisme découvre et referme à la fois tous
les compartiments, selon qu'il s'agit d'exposer ou de retirer les reliques. Parmi ces reliques, qui s'élèvent, dit-on, au nombre de
18,000, citons : un morceau considérable de
la Vraie Croix, des langes de l'Enfant Jésus,
du bois du berceau de Notre-Seigneur, une
épine de sa couronne, de sa robe de pourpre,

du bandeau qui lui couvrit les yeux, du voile de la Sainte Vierge, un doigt de sainte Hélène.

Le même jour, nous trouvons notre infatigable pèlerin à l'église de Sainte-Cécile où l'on voit, avec tant d'autres choses si dignes d'intérêt, l'antique salle de bains dans laquelle fut exposée l'illustre martyre. A Saint-Chrysogone, l'abbé Hareux eut la consolation de prier devant le tombeau de la vénérable Anna-Maria Taïgi, morte en 1857·

Non loin de là s'élève le célèbre sanctuaire de Sainte-Marie au Transtévère, rappelant la miraculeuse fontaine d'huile qui, sous le règne d'Auguste, annonça la naissance de Jésus-Christ. M. Hareux ne manqua pas d'admirer les gracieuses mosaïques de cette église, son pavé de porphyre, ses colonnes de granit, ses tableaux et ses inscriptions, mais surtout il vénéra la célèbre image de Notre-Dame de la Clémence et une pierre encore teinte du sang de sainte Dorothée. Le soir, il assista à l'exercice du mois de Marie à l'église Saint-Louis des Français.

Adieux à Rome et départ pour Assise (11 ET 12 MAI.

Le jeudi 11 mai fut le jour des adieux à la Ville Eternelle. Dès le matin, nous retrouvons l'abbé Hareux à Saint-Pierre au Vatican. Il y dit la messe, il assista à celle du Pape, il contempla une dernière fois les chefs-d'œuvre de la majestueuse basilique d'où il allait emporter un amour plus profond, plus tendre et plus dévoué pour l'Eglise romaine et pour son Chef infaillible. L'atelier de mosaïques du Vatican et la pinacothèque offrirent aussi un aliment à son admiration. Guidé par sa piété, il retourna à Sainte-Marie Majeure. Il lui était si doux de prier devant la miraculeuse image de la Vierge Mère et devant la crèche de son divin Enfant !

Voici le moment du départ. Adieu, Rome ! Adieu à ton Pontife, adieu à tes sanctuaires, à tes madones, à tes martys, à tes saints !

Le 9 mai, au retour de son excursion à Naples, l'abbé Hareux avait écrit à sa famille :

« Merci de vos bonnes lettres qui me rassurent sur l'état de vos santés. Grâce à vos prières, notre voyage a été toujours heureux jusqu'ici. Comme le bon P. Picard le disait ce matin à Saint-Laurent hors des Murs, plus on est éloigné des siens, plus on se sent porté à prier pour eux. C'est le sentiment que je ne cesse d'éprouver depuis que je vous ai quittés. Aussi, malgré les joies de Rome, le bonheur d'avoir vu deux fois le Saint-Père, d'avoir baisé sa main vénérable, je vois avec plaisir approcher le jour où je pourrai vous revoir, vous, mon cher Père, et mes chères sœurs. D'ailleurs la chaleur commence à être bien forte en Italie...

« J'ai été dimanche et lundi à Naples : quand on se trouve dans cette ville, on se demande si l'on n'a pas perdu la tête, tellement la population est en l'air. J'ai vu le miracle de saint Janvier.

« Plusieurs des pèlerins partiront vendredi pour Assise ; j'espère être du nombre, bien que le P. Picard nous ait avertis ce matin que nous devions nous attendre à y rencontrer toutes sortes de choses excepté le nécessaire. Il faudra probablement coucher sur la paille, emporter avec soi du fromage, des œufs pour faire des omelettes, etc. Je tiens néanmoins à faire ce voyage... »

Sans compter avec les fatigues et les privations, notre fervent tertiaire voulut donc visiter la ville de saint François et de sainte Claire. Après avoir traversé des pays fertiles et pittoresques, salué en passant la patrie de sainte Angèle, à Foligno, et celle de sainte Marguerite, à Cortone, le pèlerinage aperçut de loin une petite ville à l'aspect monastique, étagée sur les sommets d'une colline austère. C'était Assise.

Assise.

A la gare, les Français furent salués par
une députation des catholiques d'Assise, de
Pérouse et de toute l'Ombrie. Le R. P. Picard
répondit avec beaucoup d'à-propos aux félicitations du président, puis nos pèlerins montèrent la côte à pied, en récitant le chapelet.
A l'entrée de la ville, les délégués du Chapitre et de la noblesse leur firent un accueil
sympathique et les conduisirent à l'antique
basilique où l'on vénère le tombeau de saint
François.

L'une des premières visites de M. Hareux
fut pour le couvent de Saint-Damien, qui est
situé à un kilomètre environ d'Assise et où
l'on descend par une pente rapide. Il y a peu
d'endroits qui rappellent de si nombreux et
si touchants souvenirs. C'est ici que le Crucifix a parlé à saint François ; voici le mur
qui s'est miraculeusement ouvert de lui-même
pour livrer passage au Saint. C'est à Saint-
Damien que sainte Claire, dirigée par saint
François, établit son premier couvent. Quelle
satisfaction pour la piété de l'abbé Hareux,
de voir le bréviaire de la Sainte, du pain
bénit par elle, la cloche qui servait à
réunir sa petite communauté naissante, le

ciboire avec lequel elle mit en fuite les Sarrasins qui assiégeaient son petit monastère ; la place qu'elle occupait au chœur, au réfectoire, sa pauvre cellule et celles de ses compagnes ! Depuis plus de six cents ans, ce sont encore les mêmes stalles, les mêmes tables, les mêmes bancs ; tout est conservé intact, tout prêche la pauvreté. Nulle part on ne trouve la trace des saints aussi vivante. Même après les impressions de Rome, on se sent profondément remué à Assise et embaumé des émanations célestes qu'on y respire.

Le samedi 13 mai, l'abbé Hareux et ses compagnons de voyage se rendirent de grand matin à la basilique de Saint-François, où fut célébrée la messe de pèlerinage. Cette basilique se compose d'une église supérieure dont les murs couverts de fresques racontent la vie du Patriarche d'Assise, et d'une église souterraine où les siècles ont entassé des merveilles. C'est là que le corps de saint François repose dans une châsse précieuse, entourée d'une grille en bronze. Le trésor de cette basilique renferme un voile de la Sainte Vierge que les pèlerins eurent la faveur de vénérer. Ensuite, procession jusqu'à l'église de Sainte-Claire, où l'on conserve le corps de cette vierge séraphique. Voici, sur le chemin, la maison des parents de saint François, convertie en église ; on y montre la chambre du

Saint lorsqu'il était enfant et le réduit obscur où son père l'enferma et le tint enchaîné. Non loin de là l'oratoire appelé *San Francesco in Piccolo;* c'est l'étable où saint François est né sur la paille comme son divin Maître. Notons encore la maison de sainte Claire.

Vers onze heures, les pèlerins français descendirent à la basilique de Notre-Dame des Anges, qui renferme le célèbre sanctuaire de la *Porziuncula.* Ce fut là, on le sait, que Notre-Seigneur accorda à saint François l'indulgence dite *de la Portioncule.* Quelle joie pour M. Hareux de prier dans ce lieu si auguste, de visiter la cellule où saint François est mort, d'y vénérer son cœur, d'obtenir quelques feuilles du *Spineto,* c'est-à-dire du mystérieux rosier, déjà beaucoup multiplié, mais dont la tige reste sans épines et le feuillage teint de sang, en mémoire sans doute de celui que répandit saint François dans ses prodigieuses austérités.

Lorette.

Il n'est peut-être pas inutile de rappeler que la sainte maison de Nazareth, sanctifiée par le séjour de Notre-Seigneur, de la Sainte Vierge et de saint Joseph, fut miraculeusement transportée par la main des anges, vers la fin du xiiie siècle, d'abord en Dalmatie, puis en Italie, à Lorette. Dès lors la *Santa Casa* de Lorette est devenue, après Jérusalem et Rome, le lieu de pèlerinage le plus célèbre de la chrétienté.

C'est dans cette sainte maison et dans la superbe église qui lui sert de reliquaire que l'abbé Hareux eut le bonheur de faire ses dévotions le dimanche 14 mai. Nos pèlerins étaient arrivés vers minuit. De la gare jusqu'au sommet de la colline où s'élève la basilique, ils s'avancèrent en procession, un flambeau à la main, en chantant des cantiques en l'honneur de Marie, qu'ils venaient visiter *chez elle,* dans sa vraie maison de Nazareth.

Après la messe, un religieux raconta la translation de la *Santa Casa* à Lorette, en entremêlant son récit de réflexions morales du plus vif intérêt. Nous n'avons pas à parler ici du riche trésor que les pèlerins furent admis à visiter. Disons seulement que l'abbé Hareux put satisfaire sa piété en priant longtemps à genoux dans la sainte demeure qui fut témoin du sublime dialogue de l'ange Gabriel avec l'Immaculée Vierge Marie, dans ces murs bénis dont les pierres rougeâtres sont devenues brillantes sous les baisers de tant de générations de pèlerins!

Padoue.

Est-il un saint plus populaire, surtout de nos jours, que saint Antoine de Padoue, « le saint des miracles ? » L'antique cité de Padoue, que l'on dit avoir été fondée par Anténor, après la prise de Troie, figurait sur l'itinéraire des pèlerins français. L'abbé Hareux eut donc la consolation d'offrir le saint sacrifice dans le magnifique sanctuaire que les Paduans ont bâti en l'honneur de celui qu'ils appellent « le Saint, *el Santo.* »

La chapelle de l'illustre thaumaturge est dans le transept septentrional ; de hauts-reliefs en marbre de Carrare rappellent la vie du Saint, dont le tombeau, placé sous l'autel, est l'objet d'une grande vénération dans toute l'Italie. Les innombrables ex-voto qui sont là suffiraient pour attester sa puissante intercession.

Le trésor de cette basilique est d'une grande richesse. Nos pèlerins purent voir et vénérer, entre tant d'autres reliques, la langue de saint Antoine de Padoue, trouvée intacte dans son tombeau trente ans après sa mort, un fragment de son bras, de ses cheveux, sa tunique, son cilice, la pierre qui lui servait d'oreiller, une Bible avec des notes écrites de sa main.

Venise.

Dans la soirée du lundi 15 mai, nos pèlerins arrivèrent à Venise. Ici encore, que de jouissances pour l'esprit et le cœur d'un prêtre instruit et pieux comme l'était M. Hareux! Le mardi, à huit heures du matin, la pieuse caravane est réunie dans la basilique de Saint-Marc. Cette église, curieux mélange des architectures grecque, byzantine et du moyen âge, renferme entre autres richesses, des colonnes provenant du temple de Salomon.

Du haut de la chaire, le digne archiprêtre de la cathédrale adresse aux Français une allocution pleine de cœur au nom du vénérable patriarche de Venise qui célèbre lui-même la messe de pèlerinage. Après la bénédiction du Saint Sacrement, on vénère les reliques; la plus précieuse est le corps de l'évangéliste saint Marc, qui repose sous le maître-autel. A l'église des religieuses de la Visitation, les pèlerins baisèrent pieusement une partie considérable du cœur de saint François de Sales. L'arrivée de ces représentants de la France chrétienne avait mis tout Venise en fête. Les cloches sonnaient à toute volée; une foule sympathique accom-

pagnait nos compatriotes aux principaux
sanctuaires de la ville.

Ajoutons qu'on ne manqua pas de visiter
le palais des doges qui résume les gloires
militaires et artistiques de Venise.

Milan.

A Milan, où nos pieux voyageurs furent
l'objet d'une véritable ovation, la première
visite de l'abbé Hareux fut pour la vieille
église de Saint-Ambroise. Avec quelle avidité
il recueillit les souvenirs historiques qu'on y
rencontre à chaque pas ! Cet antique portail
est celui où saint Ambroise arrêta l'empereur
Théodose, l'obligeant, avant d'entrer dans le
temple saint, à expier par une pénitence
publique, le crime public dont il s'était
souillé en ordonnant le massacre des habitants de Thessalonique. Voici la chaire où
l'illustre docteur prêchait ses immortelles
homélies ; voilà la place où Augustin l'écoutait ; ici, c'est le baptistère d'où est sorti
régénéré le fils de Monique, après avoir été
si longtemps le sujet de ses larmes. M. Hareux
eut la bonne fortune de pouvoir vénérer,
dans la crypte, le corps de saint Ambroise et
celui de sa sœur, sainte Marcelline.

Le lendemain 18, il assista avec ses compagnons de voyage à la messe célébrée, selon le rite ambrosien, dans la cathédrale de Milan, l'un des plus vastes édifices de la chrétienté. Après le saint sacrifice, on vénéra le corps de saint Charles Borromée, l'illustre archevêque de Milan. Il repose, au bas du maître-autel, dans une riche chapelle souterraine où brûlent jour et nuit de nombreuses lampes d'or et d'argent. La châsse d'argent qui renferme cette précieuse dépouille est ornée de pierreries ; des panneaux en cristal de roche laissent voir le corps du Saint ; il est revêtu de ses ornements pontificaux, et la tête est coiffée de la mitre. Nous n'essaierons pas de dire quels furent les sentiments de l'abbé Hareux, en priant auprès de cette châsse vénérée, en respirant le parfum de vertu, d'oraison, de pénitence et de charité qui s'exhale des restes mortels de celui qui fut pendant sa vie le modèle des prêtres et des évêques.

Turin au retour et rentrée en France.

Le soir du jeudi 18 mai, les pèlerins français étaient de retour à Turin. Noblesse, bourgeoisie, administrateurs, employés, tous étaient à la gare, acclamant avec enthousiasme, aux cris de « Vive Pie IX ! vive la

France ! » les hôtes auxquels ils avaient préparé une agréable soirée au Cercle de la Jeunesse catholique.

Le lendemain, la messe d'action de grâces fut célébrée à la Consolata par Mgr l'archevêque de Turin. Après la communion, les pèlerins chantèrent de tout cœur le *Te Deum* qui couronna cette inoubliable manifestation religieuse. Quelques heures plus tard, ils rentraient en France.

TABLE DES MATIÈRES

Abbeville, imprimerie C. Paillart.

C. PAILLART · IMPRIMEUR · ÉDITEUR
ABBEVILLE